ADRIANA GRAÇAS PEREIRA
COM THALES GUARACY

XAL

ÓRFÃ, DROGADA,
MORADORA DE RUA,
PROSTITUÍDA, PRESIDIÁRIA.
E MILAGRE DE SUPERAÇÃO.

PANDA BOOKS

© Adriana Graças Pereira e Thales Guaracy

Diretor editorial
Marcelo Duarte

Diretora comercial
Patth Pachas

Diretora de projetos especiais
Tatiana Fulas

Coordenadora editorial
Vanessa Sayuri Sawada

Assistente editorial
Olívia Tavares

Capa
Marina Avila

Diagramação
Daniel Argento

Preparação
Ana Maria Barbosa

Revisão
Beatriz de Freitas Moreira

Impressão
Corprint

CIP – BRASIL. CATALOGAÇÃO NA PUBLICAÇÃO
SINDICATO NACIONAL DOS EDITORES DE LIVROS, RJ

P489x
Pereira, Adriana Graças
Xal: órfã, drogada, moradora de rua, prostituída, presidiária. E milagre de superação/Adriana Graças Pereira, Thales Guaracy. – 1. ed. – São Paulo: Panda Books, 2021. 240 p.

ISBN 978-65-5697-098-1

1. Pereira, Adriana Graças. 2. Transexuais – Biografia – Brasil. 3. Identidade de gênero. 4. Negros – Brasil – Condições sociais. 5. Órfãos. I. Guaracy, Thales. II. Título.
Bibliotecária: Camila Donis Hartmann – CRB-7/6472

21-69378	CDD: 920.008670981
	CDU: 929-055.3(81)

Apoio:

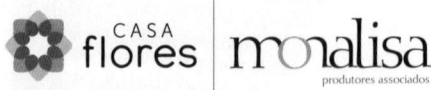

2021
Todos os direitos reservados à Panda Books.
Um selo da Editora Original Ltda.
Rua Henrique Schaumann, 286, cj. 41
05413-010 – São Paulo – SP
Tel./Fax: (11) 3088-8444
edoriginal@pandabooks.com.br
www.pandabooks.com.br
Visite nosso Facebook, Instagram e Twitter.

Nenhuma parte desta publicação poderá ser reproduzida por qualquer meio ou forma sem a prévia autorização da Editora Original Ltda. A violação dos direitos autorais é crime estabelecido na Lei nº 9.610/98 e punido pelo artigo 184 do Código Penal.

Para Gabriel, Dandara e Duda.

SUMÁRIO

A ponte – 1 9
É porque eu quero 13
Bonequinha sem olho 19
Menino e menina 27
Pá! Pá! 37
O lixo dos bacanas 41
Escuro no morro 51
Comandante ou comandada 61
O sistema 67
A casa-bomba 75
O anel do "presidente" 83
A droga e um filho 89
Tudo embaralhado 95
Tudo por amor 101
O bagulho vai ficar louco 109
Na igreja 121
A megarrebelião 127
Highlander 133
A droga e o absurdo 141
Mãe 151
Tremembezão 157
Liberdade 165
Precisar não é querer 171
A luta 177
Doze passos 185
Recaída 193

A ponte – 2 199
Tudo em pedra 203
A ponte – 3 209
Hostel 213
Nem tudo são flores 219
Família 227
Inventário moral 233

A ponte Pênsil foi inaugurada em 1914 para transportar o esgoto da ilha de São Vicente para o continente.

Tornou-se um local procurado por suicidas que por vezes vinham de outras cidades para se matar. De manhã, os cadáveres apareciam na praia, empurrados pelos botos. Moradores de São Vicente e Santos apostavam quem seria o próximo a suicidar-se: homem ou mulher.

A estrutura tem 180 metros de comprimento e 23 de altura. Ainda hoje, de vez em quando, alguém dribla a segurança e consegue pular.

A PONTE - 1

Botaram a gente num carro e disseram: agora vocês vão dar uma voltinha. De madrugada, lá pelas três da manhã, levaram nós duas para a ponte Pênsil. Eu e a Morena. Apanhei muito durante o caminho.
– Pelo amor de Deus, moço, por favor, nunca mais vou roubar! Eu juro, pode acreditar, pôr uma fé! – minha voz tremia, eu falava e chorava. – A gente não sabe nadar!
– Mas hoje vocês vão aprender – eles falaram.
Então colocaram a gente em pé bem na beirinha da ponte e logo deram um tiro: pá!
– Pulem agora, ou vocês vão ver o que acontece.
Lá do alto, eu olhava aquela água escura, lá embaixo, longe. Não sabia que antigamente vinha gente naquela ponte só para se matar. Nem pensei que podia morrer só de cair. Só lembrei dos filmes de criança e pensei: "Certeza que nessa água tem tubarão".
– Pulem já! A gente não tem tempo pra perder com vagabunda – gritaram, com as armas bem na direção das nossas cabeças.
A Morena pulou.
Pá! Pá!

É PORQUE EU QUERO

Meu nome é Adriana Graças Pereira, conhecida como Xakila e querida como Xal. Sou negra, com personalidade forte, confiante, extrovertida, alegre. Tenho brilho. O documento oficial diz que eu nasci em 9 de maio de 1982, mas não sei se isso é verdade. O mais longe que a minha memória chega é uma infância cheia de tristezas que nunca vão se apagar. Aquela menina órfã até hoje pergunta quem é e onde está a sua mãe.

Vivi muita coisa. Vi morte, sangue, amigos morrerem por causa de um real ou de centavos; vi amigo matar e ser morto. Graças a Deus, ainda estou aqui. Nunca tive família, nem casa. Dormi na areia úmida da praia, roubei, fui presa, fugi, caí nas drogas, quase virei bicho. Dos meus 37 anos, que tenho quando estou escrevendo este livro, passei a maior parte morando em abrigos, na rua ou na cadeia. Mas hoje consigo entrar e sair de cabeça erguida de qualquer lugar.

Sou caiçara, de Santos, isso eu sei. E não é porque minha vida mudou que vou virar as costas para o passado. O que mais me fortalece é as pessoas verem quem eu era e quem sou hoje. Andei por muito tempo em um mundo desconhecido pra muita gente: o mundo da ilusão, onde a rainha do pecado é a falsidade, e o rei, o desamor. Nele, tem gente de todo tipo: viado, mulher, sapatão, doutor, juiz, usuário, viciado, polícia, ladrão e criança. E nele aprendi a lei da sobrevivência. Às vezes a gente não tem outra opção a não ser seguir em frente.

Hoje estou em paz e penso que a vida deu certo pra mim. E se consigo sobreviver até à droga, a coisa que mais destrói uma vida, não é porque preciso. É porque é isso o que eu quero.

Andei no perigo, conheço a bandidagem. Cheguei até a comandar rebelião em presídio no Dia das Mães – está lá no Google. E apesar de ter ficado tanto tempo na prisão, que, somando, bate quase nove anos, nunca abri mão da minha liberdade.

Claro que tem gente mais forte e mais fraca; não é qualquer uma que entra e sai do sistema prisional como eu saí. Entrei nele contra a minha vontade e tive de conviver com ele para sobreviver. Mas não sou pilantra e nunca devi nada pra ninguém. Muito pelo contrário, sempre tive autonomia. Isso me deu moral.

Sei que é uma frase feita, mas se tem uma verdade, é esta aqui: o crime não compensa. A vida no crime tem um lado fascinante, a adrenalina, a loucura, mas viver mesmo é o que estou fazendo agora. Até outro dia, eu não sabia, mas o que eu tinha antes não era vida. Eu era uma indigente, não tinha nada nem ninguém.

Hoje tenho meu canto, documentos, pessoas que eu amo e que me amam. Tenho perspectiva, tenho sonho, planos. Penso em rever minha filha, penso em ter minha casa e minha família.

Sou resolvida, inclusive com ser menino e menina ao mesmo tempo. Não estranhe aí quando falo de mim às vezes no feminino, às vezes no masculino. Depende da hora.

Sei que a mudança na minha vida aconteceu porque muitas pessoas me ajudaram, mas também penso que fiz a minha parte. Quem quis isso, quem fez isso fui eu!

Sou um milagre da sobrevivência, a prova de que tudo é possível. Sei que Deus tem um propósito especial pra mim. Porque, vindo de onde eu vim pra chegar até aqui, é porque Deus, em algum momento, quando era pra eu estar perdida, falou: "Não, mano".

BONEQUINHA SEM OLHO

Assim como eu não tinha família, não tinha Natal nem aniversário. O primeiro aniversário que comemorei foi quando completei 37 anos. Pela primeira vez senti que eu tinha importância pra alguém. Vi que tinha amigos de verdade, a família que eu escolhi, minha irmã e minha mãe de coração. Ganhei dois bolos, um monte de presentes, bilhetes, brigadeiro. E balões dourados com as letras do meu nome, que pendurei no meu quarto pra lembrar que hoje a minha vida vale muito a pena e deve ser comemorada.

Dos anos sem aniversário, ficou marcado na minha memória o tempo enorme que passei em abrigo, orfanato etc. Eu e um monte de crianças. Gota de Leite, Anália Franco, Casa de Acolhimento, Casa da Vila, Casa da Criança, Convento Maria Imaculada, Casa Pixote, Casa das Meninas, Educandário Santista, Plantão Social, Espaço Meninas, Casa Aberta... acho que passei por tudo que era casa para menor em Santos. Lembro de umas passagens pela Delegacia do Menor, no tempo do dr. Agostinho. Umas não, muitas. "Você de novo!" era a frase que eu mais ouvia da boca do homem.

Vou contar como funciona o sistema brasileiro. O Estado não cuida das crianças. Não dá saúde, nem educação. Ele só transporta. Fica jogando as crianças de lá pra cá, de cá pra lá, como se fossem um problema. As pessoas que trabalham pro governo têm um monte de diplomas, mas ninguém sabe o que fazer com as crianças. Uma boa parte da minha infância eu passei na perua, indo de um lugar para o outro, olhando a vida dos outros pela janela, vendo as famílias na calçada, andando de bicicleta, enquanto eu ia pra mais um lugar onde sabia que também não ia ficar.

Foi na mudança de um abrigo para outro que a dra. Elizabete, juíza da Segunda Vara da Infância, me chamou de Adriana. Adriana? Eu não sabia que eu tinha um nome. Acho que foi ela que inventou. Bom, na verdade eu não sei e ninguém sabe.

Ninguém sabe também da minha história até eu ser entregue nas mãos da Assistência Social. Já faz tempo, eu ainda era criança, quando uma assistente social me contou que cheguei acompanhada de uma mulher que apanhava do marido. Na época, não entendi o que aquilo queria dizer e também não perguntei. Mais pra frente, apareceu um relatório dizendo que fui achada dentro de uma casa com mais uma criança, e que eu chorava muito ao lado de uma mulher morta. Essa mulher seria a minha mãe.

Passado um tempo, surgiu outra novidade. Mais alguém, que eu nunca tinha visto, disse que encontraram a gente – eu e uma mulher – num barraco que pegou fogo. E que teriam conseguido resgatar os documentos da mulher, uma tal de Cleide Graças Pereira. Então eu, que só tinha um nome, ganhei também um sobrenome. Virei Adriana Graças Pereira.

Mas tudo isso não passa de história. Na época, quase nada era registrado. Quando fiquei mais velha e quis saber a minha história de verdade, disseram que era tudo arquivo morto. E que o pessoal daquela época também tinha morrido, como o arquivo.

De onde vim? Eu mesma não sei. Se você me perguntar se a Cleide foi a minha mãe, eu digo: não acredito. Se me perguntar se minha mãe está mesmo morta, às vezes duvido. E como eu queria que não estivesse! Mas o nome dela me serviu. Se não fosse esse documento, eu não tinha nome, não tinha nada e não era ninguém.

O primeiro abrigo para onde fui levada era o Gota de Leite. Uma casa grande, funcionava como abrigo e como creche, para crianças de zero a sete anos. A parte do abrigo era separada da creche por uma grade: de um lado ficavam as internas e do outro as semi-internas. As grades, sempre, na minha vida. As semi-internas passavam o dia e depois a mãe ou o pai ia buscar. As internas quase não viam a cara da rua; ficavam lá dentro, trancadas. Eram as crianças abandonadas pela mãe e pelo pai.

Eu era interna. Vivia escondida. A sociedade não sabia! As mulheres que tomavam conta não deixavam a gente à vista na hora da saída ou em dia de algum acontecimento. A gente ficava trancada no fundo da casa. Criança com mãe e criança sem mãe não se misturavam.

Eu via as meninas do semi-interno de longe, comendo lanche, ganhando brinquedo. Pra gente, nada. Eu e a minha bonequinha sem olho e de uma perna só. Era tudo o que eu tinha. Sonhava com uma boneca nova, mas não vinha.

Sofri muito nesse abrigo. Eu era pequena, não tinha como me defender. Na hora do almoço, comia só arroz. A parte melhor, a sobremesa, tinha que dar pra não apanhar.

Às vezes eu chorava o dia inteiro, no meio daquele monte de crianças. Eu chorava por qualquer coisa. Quando tinha uns cinco ou seis anos, acho que fui adotada. Era fim de ano. Pensei: "Pronto, vou ter meu primeiro Natal". A perua me levou para a casa de uma mulher. Eu estava feliz, mas também estava assustada. E chorei. Chorei tanto que a mulher me devolveu. Desistiu de mim. Foi a única oportunidade de fazer parte de uma família e foi por água abaixo, literalmente.

Por que eu chorava? Eu tinha medo das pessoas. Eu tinha medo do mundo. Eu não tinha carinho e também não confiava em ninguém.

Mas eu não dava vida fácil pros funcionários do abrigo. Quando ficava sabendo que ia sair pra algum atendimento ou ia ser transferida, bolava planos de fuga e convidava os outros:

– Olha, na hora que a tia abrir a porta, a gente chuta com força e sai correndo.

Aí pronto: de repente, saía todo mundo atrás de nós. E a gente: oléeee! Eu era terrível, *migos*.

Desse primeiro abrigo, só dava pra sair de perua. Mesmo assim eu queria fugir a pé. Corria, sabendo que só ia conseguir chegar até determinado ponto do jardim. Eu não tinha tamanho nem agilidade pra pular o muro. O máximo que eu conseguia era chegar até uma gruta. Lá eu me escondia e me sentia feliz. Logo vinha alguém, me via e me levava de volta.

Mais tarde, na rua, reencontrei muitas meninas que conheci no Gota de Leite. Uma puxando carroça, outra fazendo serviço de carregar droga pra dentro da cadeia ou recarregando chip de celular para traficante. Algumas morreram por causa de crime ou por conta da droga. Daquela turma, não teve ninguém com final feliz.

Dona Conceição, uma das tias do Gota, era legal. Trazia bala, revista, dava aquela atenção. Tentei me encontrar com ela quando saí de lá, mas nunca mais a vi. Sei lá o que pode ter acontecido. Ela era a única pessoa de quem eu gostava. Porque serviço social de verdade ou voluntários que gostam do que fazem, pra falar a real, não conheci. Pode ser que o tempo tenha apagado a minha memória, mas, sinceramente, não me lembro de nenhuma ajuda de verdade desse tipo. Nada.

MENINO E MENINA

Do primeiro abrigo, passei pra um segundo, um terceiro... Enfim, aos 11 anos, fui morar na Casa da Criança. Mesmo que ele tivesse esse nome, foi lá que eu realmente deixei de ser criança. Contra a minha vontade, lógico.

Os quartos eram pequenos, com apenas duas camas em cada um. Não lembro por que, mas naquela noite eu estava sozinha. Deitada, escutava o guarda passar, fazendo a ronda, como todas as noites. Dormi. Não sei em que momento ele entrou no meu quarto. Só sei que um vulto grande saiu do escuro na minha direção. Um homem enorme me pegou por trás, antes que eu pudesse reagir, e apertou um pano com um cheiro forte na minha boca. Foram duas respiradas e não lembro de mais nada. Acordei só no dia seguinte. Estava toda machucada. Por dentro fisgava, ardia, sangrava. E ainda tinha o medo de não entender o que era aquilo que estava acontecendo, de não ter em quem confiar e de não poder dividir com ninguém tanta dor. Foi horrível! Chorei pra caralho. Ninguém escutou.

Quando cansei de chorar, fiquei na cama, meio dormindo, meio acordada. Uma hora a porta do meu quarto abriu e logo um monte de freiras em volta, olhando pra mim. Aí tudo ficou preto até eu acordar dentro da sala de enfermagem. A sala ficava no fim de um corredor. Lá passei vários dias, até me recuperar. Cada dia uma freira diferente vinha fazer os curativos. Não teve delegacia, não teve médico, não teve hospital. Teve apenas silêncio. Abafaram o caso.

O sofrimento era muito forte, achei que nunca fosse embora de mim. Além do homem que me estuprou, acho que a sociedade também é criminosa. Não consegue cuidar de uma órfã, muito menos dar esperança para as crianças.

Pra quem está fora, o abrigo pode até parecer uma coisa boa. As pessoas acreditam que as crianças lá dentro recebem carinho, doações e que a gente fica feliz. Mas a realidade é outra. A gente come arroz e feijão contado. E vive na solidão.

No abrigo há abuso disfarçado: os monitores dizem que vão te revistar, mas querem mesmo é te passar a mão. Como é possível um homem revistar uma criança ou uma adolescente? Quem é que permite isso? Estupro, nojo, revolta, abandono, depressão, tudo isso conheci dentro de abrigo. E o Estado em nenhum momento me protegeu.

Quando saí da enfermaria, ficou muito difícil dormir naquele lugar de novo. Fugi pra rua. Os funcionários da Casa da Criança ficavam que nem loucos atrás de mim, mas ninguém conseguia mais me pegar. Eu já estava de novo cheia de energia. No fim, acho mesmo é que já nasci preparada para aguentar as circunstâncias da vida – e a dor.

Perto dos 13 anos, me pegaram de novo e fui enviada para um convento – eu e minha bonequinha sem olho, que carreguei pra todo lado por muitos anos. Lembro bem do Maria Imaculada. Ficava na avenida Conselheiro Nébias, em frente à Faculdade Santa Cecília.

Uma parte do convento era ocupada por estudantes, outra por meninas abrigadas, de 13 a 18 anos. Tinha que usar uniforme de escola de freira, maior palhaçada. Não sei por que me mandaram para lá. Eu já era menino naquela época, só estava incubado. Andava de bermudão, top, amarrava o cabelo e só andava de boné.

O dia a dia no convento era horrível. Tinha aquelas palmatórias, que as crianças usam para brincar de bafo, mas lá as freiras usavam para bater na nossa mão. Se alguém derrubasse um copo de água no chão, já tinha que estender a mão. E pá, elas batiam com vontade. Se errasse a reza na missa, tinha que ajoelhar no milho, como punição, porque "Deus não se agrada", elas falavam. Quantas vezes eu e minha bonequinha ficamos ajoelhadas no milho? Nem sei.

Por que as coisas eram assim? Também não sei. Se queriam me converter, não rolou. Fiquei com uma menina. A irmã pegou a gente se beijando, fomos expulsas. No Imaculada, na parte da clausura, todo mundo sabia que padre pegava freira, mas a gente mesmo não podia fazer nada, nem falar sobre isso.

E lá fui eu na perua, transportada pra mais um abrigo, o Anália Franco. A diretora era a dona Bete, uma senhora que também vinha atrás de nós com a palmatória e fazia a gente ajoelhar no milho.

Dessa vez, fui para o acolhimento dos maiores, que era para menino e menina. Eu já cheirava cola desde os sete anos, mas foi no Anália Franco que comecei a cheirar cola pra valer e a conhecer o mundo.

Era um abrigo com crianças maiores e mais rebeldes. Crianças que já tinham passagem pela Febem, que hoje se chama Fundação Casa. Havia meninos que já tinham estuprado, roubado, e eles cheiravam e viravam cocaína na colher – na época em que a cocaína era pura; hoje em dia sei que é só merda, cheio de coisa misturada.

Eu estava mais velha e maior. Pulava o muro com os grandes, era ninja! Fugia, voltava para o abrigo, fugia de novo. Causava. Peguei trauma, já tinha entendido que não podia esperar apoio e não queria mais a vida de interna. Ficava pouco no abrigo, preferia a rua, queria ser livre. Na rua eu já conseguia vender minhas coisas, arrumar dinheiro e fazer o que bem queria.

Vendia bala no farol, no bairro do Gonzaga. Às vezes, ficava na Concha Acústica, no Canal 3, pedindo esmola. Como a gente ainda era de menor e conseguia ganhar mais dinheiro, nós pedíamos e os grandes ficavam longe, só na observação. Só que, quando a esmola pintava, eles, na maior parte das vezes, davam uns cascudos, chutavam a gente e pegavam todo o dinheiro só pra eles.

Quando não chovia, a gente dormia na praia. Mais de dez crianças, assim, tudo magrinho, um ao lado do outro, porque na areia era macio, e às vezes mais quente que no abrigo. E era a nossa liberdade!

Quando eu cansava da rua, invadia casa de turista no Canal 3 ou no 6. Pulava o muro e me instalava com o pessoal. Usava tudo, até a piscina! Era o nosso mocó – era assim que a gente falava. Mas isso só de segunda a quinta, porque na sexta os donos da casa voltavam pra passar o fim de semana. Aí a gente, ó... evaporava.

Nas primeiras fugas, o pessoal do abrigo vinha buscar a gente na rua, mas chegou uma hora em que eles não aguentavam mais. Tínhamos virado os aborrecentes rebeldes, desafiando os carros, fazendo arrastão. A gente pedia o dinheiro; se não davam, a gente tacava pedra. Olha só a transformação!

A partir dessa época, eu só voltava pro abrigo quando chovia; o céu ficava preto de nuvem e a rua ficava gelada. Quantas vezes cheguei a pensar: "Vou morrer de frio". Vinha aquela chuva com vento e tudo ficava molhado: os plásticos gelados, o papelão se desfazendo... Por mais que a gente tentasse ficar por ali, não tinha outro jeito. Querendo ou não, no abrigo a gente comia e ainda dormia no seco.

Posso dizer que a única pessoa que me deu a mão na adolescência foi uma menina chamada Juliana: a Babalu. O apelido era por causa do chiclete, aquele que tem recheio; ela adorava. Conheci a Babalu ainda criança, acho que desde os nove anos de idade. A gente brincava direto na rua. Passava manhã, tarde e noite na praia, na calçada, no mundão. Eu porque fugia dos abrigos e não tinha casa nem família; ela porque tinha uma família muito violenta. Tinha casa, mas não tinha lar. Era só um lugar ruim de se ficar.

A mãe bebia, batia na Babalu com o que encontrasse na frente e a obrigava a ir pra rua arrumar dinheiro. Aí a gente se encontrava. Ela era mais velha do que eu – e também mais esperta.

Com a Babalu tive o meu primeiro relacionamento. Até então eu nunca tinha tido nada sério com ninguém. Nem mesmo com menina. Ela foi a minha primeira mulher. Babalu me ajudou no momento em que eu mais sofria. Babalu, minha companheira linda.

Acho que eu tinha 12 anos quando a gente resolveu morar juntas. Eu havia fugido do abrigo, depois do estupro, e a gente fez uma maloca de lona com um pedaço de pau. Ficava entre as barracas montadas na calçada do Mercado Municipal, no cais de Santos. E a gente era feliz.

Com o estupro, nunca consegui me relacionar com um homem sem voltar na cabeça aquela cena, no maldito quarto, na Casa da Criança. Toda hora era a mesma lembrança. Nasci mulher, só que foi juntando uma coisa com a outra: aqueles homens que dirigiam os carros de transporte de criança, me jogando de lá pra cá, como se eu fosse uma carga; a vida na rua, onde pra uma mulher é mais difícil se defender; o fato de eu não ter tido um pai. Aí, no fim, fecha com o estupro. Tudo isso só podia dar em uma coisa: acabei pegando nojo de homem.

Peguei nojo e raiva. Com eles eu usava a minha agressividade sem dó. Se tinha que sair na mão, eu saía. Defendia a minha vida. Me salvei de outros estupros porque eu era masculina. Dava uma de "mandante", batia de frente, como quem não tá nem aí. Diante dos homens eu dava as regras e me impunha.

Antes, quando eu ainda era pequena, nas várias situações de abuso, eu até tinha coragem, mas não tinha força. Então esse personagem masculino é que me deu a força e a possibilidade de me defender ao mesmo tempo. Já minha coragem, essa vem mesmo de ser mulher.

Porque, gente, eu sou mulher. Vou ser mulher pro resto da vida. Minha opção, meu jeito de me vestir como homem, não muda em nada quem eu sou. Eu, feminina ou masculina, sou a mesma. E, em qualquer caso, gosto de mulher. Adoro!

Se tiver que construir um relacionamento hoje, vai ser com mulher. Por isso já me visto como homem, que é para não deixar dúvidas. Mesmo assim, sempre tem homem que aparece querendo algo. Então a coisa só não acontece porque eu não quero e não gosto.

Os relacionamentos hoje para mim têm um outro limite. Não sou mais galinha como fui antigamente. Meu comportamento nesse assunto amadureceu.

Vou morrer assim. Não quero homem na minha vida.

Assim eu era na rua quando adolescente, assim eu era quando comecei a viver com a Babalu, assim eu sou. Mulher, mas homem. Entendeu?

PÁ! PÁ!

Mal cheguei na rua, já fazia parte da turma. A galerinha da rua, menino e menina, juntos, fazia arrastão. A gente roubava no Gonzaga e dormia na Concha Acústica, no Canal 3.

Um dia, a gente estava cheirando cola, dentro da casa de um turista, quando o dono chegou e pegou todo mundo no flagra – eu louca, daquele jeito! Quando ele entrou, só viu a mim e mais um moleque – os grandes tinham se escondido. Aí eles apareceram, roubaram o cara, bateram nele. E a gente botou o cara pra fora da própria casa dele. Maior auê!

Quem estava começando, como eu, tinha de mostrar que estava junto com os outros. Fazia tumulto para eles entrarem em cena, porque eu ainda não conseguia roubar sozinha.

Lembro da minha iniciação. A moda era aquele celular LG – o Olho Azul. Era um aparelho prata, pequenininho, que, quando abria em dois, acendia aquele círculo de luz, chamativo pra caramba. Quem usava era boy. E a gente ficava esperto. Tinha acabado de virar o real, a economia estava bombando, e Olho Azul dava um dinheiro bom!

Migos... vou contar, quase morri. Foi meu primeiro assalto de verdade. Tenho duas marcas de tiro, tá aqui ainda a cicatriz, na minha perna esquerda.

Eu tinha o que, 13, 14 anos? Já não era boba, não. Ficava como quem não quer nada, observando o povo passar. De repente, pintou um casalzinho andando no calçadão e, de longe, já reparei no Olho Azul.

— Nesse aí eu vou! – falei.

Fui roubar o cara sem medo, sem arma nem nada, só com um pedaço de pau. Quando cheguei perto, ele é que sacou uma arma. Foi horrível! Todo mundo correu. Eu comecei a correr, mas não saía do lugar, que nem em pesadelo. Sabe quando você trava? Não é pra rir, não.

Foi aquele corre-corre, um empurrando o outro, caindo...

"Nossa, agora vou morrer", pensei.

Estava muito apavorada! O cara deu o primeiro tiro: pá! Não pra matar, mas pra assustar a gente.

Consegui correr, mas a bala veio na minha direção. Pá, pá! Maior adrenalina! As balas rasparam na minha perna. Na hora, nem senti. Não deu para ir no hospital, né? Coloquei um pano qualquer e o negócio curou sozinho.

Mas aquele medo eu sinto até hoje.

O LIXO DOS BACANAS

Na rua é diferente de escola: a gente aprende rápido. Eu já fazia qualquer coisa pra ganhar dinheiro. Pulava muro, entrava em loja pelo telhado. E gostava das coisas mais inteligentes e menos perigosas. Pegava frasco de cosmético do lixo dos bacanas – o povo com cara de riqueza – pra vender como se fosse novo. Na época, as marcas boas eram Pantene, Ox... e outras que já não lembro mais.

Na loja Florense, quando chegava produto com frasco amassado, os funcionários terminavam de quebrar e botavam no lixo para ninguém usar. Eu pegava o produto jogado fora e com ele enchia os frascos usados do mesmo produto, que eu também catava no lixo. Depois vendia em kits, como se fosse tudo novo. Ganhei muito dinheiro assim!

Sem saber, um famoso magazine era meu patrocinador! A loja tinha duas portas: o guarda abria de um lado, na rua Amador Bueno, depois ia abrir de outro, na rua General Câmara. Era aí que a gente entrava. Dali a pouco, pi-pi-pi... tocava o alarme. E o guarda vinha correndo atrás da gente.

Eu andava pela cidade de Santos todinha: Canal 1, Canal 3, Monte Serrat, Favela Naval. Vivia assim, porra-louca, por todo canto.

Naquela época a galera ainda me chamava de Dri, apesar de eu já me vestir como menino. Certa vez, veio um dos meus amigos da rua e disse:

— Vai lá, Dri, captura uns filhotes de pitbull que eu vou te dar cem reais.

Cem reais era muito dinheiro. Fui, né, *migos*? A casa ficava na praia do Gonzaga. Entrei e achei seis filhotes, bem pequeninhos. Tava fácil. Mas bem que alguém comentou para tomar cuidado com a mãe dos bichinhos. Quando ela apareceu... Menino... De novo, quase lá se foi a minha perna. Mas consegui. A vida era só adrenalina!

Eu morava entre a nossa maloca na rua e algum abrigo, pra onde eu sempre voltava quando estava com muita fome ou precisando descansar. Até então, não tinha visto a cara de uma escola. Pra ficar no abrigo, porém, tinha uma norma do Conselho Tutelar: era obrigatório estudar. Eu fazia a matrícula, depois matava todas as aulas; quer dizer: fazia que ia, mas não ia.

Eles descobriam, conversavam, eu prometia, mas não cumpria. Chegou o dia em que deram um basta. Eu tinha que fazer uma escolha: ou ficava no abrigo e estudava ou ia pra rua de vez. Adivinha. Fui pra rua e levei uns dez junto comigo. Nunca gostei de ficar só.

A cara de pau não era pequena. Mesmo depois disso, de vez em quando, a gente voltava para o abrigo; contava uma história megatriste, pedia pelo amor de Deus pra eles abrirem a porta, tomava um banho rapidinho, almoçava e dizia:

— Tia, vamos ali e já voltamos.

E ela:

— Voltam mesmo?

E nós, tchau!

Mais tarde, a turma do abrigo começou a passar na rua, recolhendo geral, um por um. Só que, a essa altura, a turma já tava em estado crítico, de tanta droga na cabeça.

As meninas usavam crack, mas eu ainda tinha medo. Via que elas ficavam muito doidonas e me assustava. Preferia cheirar lança, ou cola de sapateiro, que eu já conhecia. Fumava bastante maconha e, de vez em quando, de quebra, dava um tiro de pó.

À noite a gente ficava na maloca; durante o dia, pedia dinheiro no farol, vendia flor e cartão romântico. Tinha uma molecada que sacaneava o tiozinho que vendia talão de Zona Azul. Roubava os talões, destacava e vendia mais caro, um por um.

Eu usava o meu dinheiro pra comprar bala, chiclete, caderno, caneta colorida e cordão para arrumar a nossa barraca – minha e da Babalu. Meu sonho era ter uma barraca bonita, a melhor e a maior. Sempre fui muito caprichosa e nunca gostei de coisa meia-boca. Pra mim, até pobreza tinha de ser no capricho.

Gostava de fuçar em lixo limpo. O do BNH, por exemplo, tinha muito lixo bom. Eu ia com uma carroça e pegava sofá, colchão de casal. Nossa maloca era bem-mobiliada. Pegava lenha pra minha cozinha. Meu fogão era um montinho de tijolos e lá a gente fazia os nossos banquetes. Por isso eu não sofria. Meu mundo era pequeno e simples, mas era meu. Pensava: "Nossa, tá tudo certo, *yeah*! Eu tô bem e não devo nada pra ninguém".

Minha maloca era o meu lugar. Tanto que, bem mais tarde, sempre que eu saía da cadeia, voltava pra onde? Pra lá. Na frente, tinha uma rampinha, de onde saía a balsa, que fazia a travessia da cidade de Santos para o Guarujá, cidade na ilha de Santo Amaro. Eu olhava pra baixo, a minha vista era o mar.

Um belo dia, a Babalu me disse:

– Quer ganhar mais dinheiro? Para de ser chabu. Se você quer roubar sem ser pego, tem de sair bonito, bem-vestido, sem cara de morador de rua.

Depois disso, eu só saía na estica. E sempre de casal: arrumava uma mulher bacana, uma mina que tinha presença, e pá.

Ia nas igrejas, na Universal ou na Assembleia de Deus, contava uma história bonita para o pastor. Dizia que tinha que ir no fórum, pedia uma calça, uma camisa, uma roupa nova. E eles davam. Aí eu me arrumava toda, ficava bem apresentável, pra poder entrar numa loja e roubar, sem ninguém desconfiar.

Eu e a Babalu começamos a roubar as duas juntas desse jeito, porque funcionava. Eu acordava cedo e já falava pra ela:

– Vamos roubar, meu amor.

Entrava na loja com ela, que tinha um rabão, mexia o quadril e os guardas ficavam só olhando – dáá. Enquanto isso, tinha uns três ou quatro pequenininhos dos nossos, uns "mandados", que roubavam e saíam correndo.

Depois, cansei. Comecei a roubar sozinho. Fiquei na febre de logo cedo ganhar o dia. Roubava uma, duas, três por dia: uma só já não bastava. Nunca fui pessoa de ficar parada. Então todo dia eu acordava, me arrumava e dizia:

– Gente, fui... Vou trabalhar.

O trabalhador não sai cedo para trabalhar? Eu também saía, juntinho com eles. Só que eu era ladrão. Me arrumava que nem homem de bem, botava terno, e lá ia para o meu trabalho, com toda responsabilidade.

Atravessava a balsa para o bairro de Itapema e trabalhava o dia inteiro na avenida principal. Já tinha até a minha freguesia: as putas. Pra elas eu vendia tudo o que roubava. Elas me conheciam como a Neguinha da Sacola.

Lá na zona, eu conhecia todinhas.

– Aí, belezas, eu vou no mercado. Alguém quer alguma coisa? – perguntava.

– Traz aí um repelente, um desodorante aerossol, um óleo Paixão. E também um Dermacyd, um Listerine, um óleo Johnson, uma Gillette Mach3.

Tudo encomenda com marca. Eu então já saía sabendo exatamente o que ia roubar. Pra mim mesma, roubava chocolate, mas só se fosse Ferrero Rocher, que eu gosto. Depois comecei a roubar também para uma nova clientela: os taxistas. Pra eles era peça de carro, picanha, queijos, óleo, azeite e bacalhau. Roubava e vendia tudo pela metade do preço da loja.

Eu tinha boa lábia e nunca ia ao mesmo lugar. Sempre fui esperto e detalhista pra essas coisas. E tinha um jeitinho chavoso, uma carinha mais "pá!", óculos escuros. Tudo truque. A segurança me via, cheia de sacola bonita, andando na loja, e não falava nada. Eu ficava na sessão de experimentar. Experimentava dois perfumes e pegava um, dois, três, quatro. Na saída, pagava um. Sempre pagava um, que é pra mostrar que era comprador, não ladrão.

Às vezes, eu roubava só por *hobby*; já estava completamente viciada na adrenalina. Adorava ver aquelas bacias cheias de roupa: camiseta, short e camisa polo, que eu prefiro. Passava, enchia a mão, enrolava as peças e colocava um monte escondida na minha sacola estilosa. Para disfarçar, comprava sempre uma meia ou uma cueca, passando cartão! Deixava à vista o meu celular. Só que ele nem fazia ligação, era só pra fazer a cena. Na saída, jogava até beijo pros funcionários!

Às vezes, os polícias, que já sabiam que eu morava na rua, me enquadravam depois que eu já tinha vendido toda a mercadoria roubada. Ficavam com meu dinheiro, tipo imposto de máfia. E nesse caso, pronto, perdi – a gente aceita que dói menos, porque não tinha o que fazer.

A primeira vez, eu vinha todo bonitão, cheio de sacola, pensando: "Ah, hoje eu estourei". Tinha ido nas putas, vendido todos os meus bagulhos e estava cheio da grana... Aí dou de cara com um polícia:

– Já deu o dia de hoje? – ele perguntou.
– Como assim, véio? – falei.
– O que que você tem aí? Passa que coisa boa não é, se não já vou te levar.

Aí o policial levou dinheiro e dois perfumes que eu trazia da Florense.

Depois desse dia, comecei a sofrer aquela marcação. O polícia já estava de olho em mim. Para não dar mais problema, comecei a sair da loja rapidinho e pegar um táxi.

O ponto ficava na praça dos Andradas, ali na rua Amador Bueno, em frente ao fórum. Eu roubava na farmácia ao lado, corria para a praça, pegava o primeiro táxi e, pronto, em segundos tinha sumido da cena do BO.

Um dia, eu estava lotadaço de produtos... Cheguei na porta do carro, o taxista me olhou assustado e não abriu. Por que será? Verdade é que, mesmo arrumado, pra muita gente eu ainda tinha cara de ladrão. Aí fiquei parado naquela situação, cheio de produtos e com dinheiro no bolso, com medo de o polícia chegar.

– Tio, eu vou pagar! – gritei.

Ele fez sinal de não com a mão e na boca dele eu li "não vai entrar".

Eu estava na adrenalina, fiquei com raiva. Já dei um bum! Quebrei o bagulho de abrir a porta, puxei o cara para fora do carro e ainda lhe tomei do bolso setecentos reais.

Foi o dia de azar dele. Na mesma hora, dois malucos amigos meus estavam passando e viram a cena.

– Meu, me tira daqui – pedi.

Eles sabiam dirigir, eu não. Entramos os três no táxi. O dono ficou só olhando. E eles me largaram são e salvo na favela da Tiro Naval.

Corri pra maloca para mudar o estilo, trocar de fantasia. Porque eu era assim, menino e menina, né? Para roubar, saía de homem. Logo em seguida, botava shortinho, top, mulher total. Ser mulher era um disfarce que funcionava, mesmo que eu me achasse um pouco com cara de travesti.

Um dia, passou um cara, desconfiou.

– Aah, te conheço, mano! – ele falou.

– De onde? – indaguei, levantando a cabeça, enfrentando mesmo.

– Tá de mulher, mas parece muito com um cara que me roubou!

– Quê, ô! Sai dessa.

Três amigos meus da maloca já colaram.

– Qual é a fita? – um perguntou.

Pronto, o cara ficou bem quietinho e se mandou.

Sempre poupei as mulheres. Nunca gostei de ser agressivo com mulher. Mulher eu gosto de tratar com carinho e proteção. Meu prazer era roubar os homens. Lembrava do estupro, vinha a raiva, aquela revolta. Minha vingança era roubar e apavorar. Eu já chegava arrepiando e ficava observando a reação dos caras:

— Dá um cigarro aí, mano! E passa a grana.
— E esse tênis aí, meu irmão? Tira, tira, tira!

Às vezes os caras me chamavam para fazer programa na praia. Eu arrastava comigo uma menina bonita ou mais um homem da maloca, porque é isso que eles queriam — homem com homem, ou ver mulher com mulher —, e eu podia fazer as duas coisas. Nunca ia sozinha, e na maioria das vezes ia só pra roubar. O cliente entrava contente e saía roubado.

E vou te falar, homem é bem melhor de assaltar. Mulher é muito barraquenta, berra, enfrenta, faz xabu... Já briguei feio com uma porque não queria soltar a bolsa.

Ela vinha rebolando na rua Amador Bueno, com o sapatinho, toc toc toc, era forte, parecia até um viado. Eu tava louca pra usar droga, e quando a fissura vem, a gente engole os princípios, engole o medo, engole tudo. Olhei pra ela e pensei: "Foda-se, vou de mulher mesmo".

Puxei a bolsa, ela puxou pro outro lado e me jogou na parede, tipo um golpe de kung fu. Foi horrível! Voltei, segurei de novo na bolsa, ela resistindo, me batendo, gritando:

— Socorro, solta minha bolsa!
— Cala a boca, mulher! Solta logo essa porra!

Sofri para roubar aquela mulher. Apanhei pra caralho e tive de sair correndo igual um maluco com a bolsa na mão.

ESCURO NO MORRO

A vida na rua era livre, mas também perigosa. Em 1996, com 14 anos de idade, estava sentado num terreno baldio, com uma amiga, usando droga. De repente, dois caras, se achando os bambambás, vieram pra cima. Eu sou rápido, não dou bobeira, tô sempre ligado, observo todos os detalhes – o ambiente, o barulho, as sombras, as pessoas –, porque foi o que a vida na rua me ensinou. Tinha uma garrafa quebrada de 51 largada no chão. Catei um pedaço do vidro e encarei. Os burros tinham um pedaço de pau. Era só eles me darem umas pauladas na cabeça que derrubavam. Mas eu era grande e falei grosso:

– Vem mano, vem!

Pronto, aí eles se assustaram. O diabo é sujo, eu fui certeiro, enfiei o caco nas costas de um deles e saí correndo. O cara caiu e o outro veio maluco atrás de mim. Mas eu corro rápido, é difícil alguém me pegar. E o que eu precisasse fazer para me defender, eu ia fazer. Vivia na selva, e a lei que valia era a da sobrevivência.

Eu dormia armada, com uma faca na mão. Tinha fascínio por aquela faca gigante. Coitados dos que vinham me atacar com canivete: eu puxava logo o facão e ficava só olhando os moleques correrem e ficarem pequeninhos lá longe. Nem minha mulher escapou de encarar a minha faca. Foi sem querer, lógico. Acho que eu estava tendo pesadelo, ela veio me acordar bem nessa hora, dei aquele pulo e já levantei o facão. Quase morreu de susto, coitada.

A noite do estupro foi a última em que eu dormi em paz. Depois, nunca mais... Nem nos abrigos, nem na maloca, nem na cadeia.

A adrenalina ajudava. Até a hora de dormir, eu ainda sentia a agitação no meu corpo, porque durante o dia o bagulho era louco. Eu estava cada vez mais acostumado com aquela adrenalina no meu corpo e, como não tinha nada a perder, nem sentia mais medo de polícia. Chegava junto e ia desenrolando os meus BOs.

– Bom dia, doutor. O que que o senhor quer? O doutor sabe que não tem nota. Vai me levar para a delegacia? Maior canseira pra nós dois, fazer relatório... Vamos fazer um trato e já resolver tudo aqui entre nós. Ainda tenho uma pedra, senhor, que estou louco pra usar, mas te dou.

E aí eles falavam:

– Vai, vai, vai. Some da minha frente!

Não lembro quantas vezes isso aconteceu. Funcionava, quase sempre.

Uma vez, um policial disfarçado parou de moto e me falou:

– Aí, moleque, vai lá buscar um negócio no morro pra mim.

Tive de atender, né? Era uma troca: tive de dar uma força pro cara, porque polícia não pode nem pensar em subir na biqueira. Se subir, não desce mais. O morro é um labirinto e é nosso.

Eu conheço o morro São Bento, em Santos, como a palma da minha mão. Um morro onde você pode subir por todos os lados. Na verdade, são vários morros que se juntam: morro São Bento, morro do Pacheco, morro do Bufo, morro Fontana, morro Jabaquara e morro do Saboó. E você pode entrar e sair por todos eles.

Quem não conhece, na certa se perde. Mas aquela era a nossa terra, e a gente era maloqueiro, nascido, criado e crescido na vida da maloca. Minha escola era dormir no mato, passear nas quebradas, conviver com lagarto. Eu não tinha gato nem cachorro, os lagartos eram os meus animais de estimação. Eu tinha o maior cuidado com os bichinhos, levava rabada e outros restos de comida para eles.

Pra entrar pelo lado do São Bento, tinha uma escadaria bem comprida. A primeira vez que subi, eu ficava olhando pra aquele monte de vielas e pensando quantas famílias moravam ali. Em cada barraco moravam seis, sete, oito pessoas. A favela é que nem a cadeia. O povo se amontoa, dorme gente empilhada em cama, no sofá, no chão. Nesse dia, pensei: "Bem que eu também poderia ter tido uma família". Nesse momento, ouvi um barulho de tiro, alto, perto de mim.

Passear no morro era sempre uma aventura. Eu gostava porque me enfiava no mato, era sossegado pra fumar. Mas via cada uma! Uma vez, eu ainda era pequena, estava com outras minas, fumando no meio da floresta, quando eu escuto "mmm... mmm...".

As minas não ouviram porque estavam na brisa da droga e não eram como eu, não prestavam atenção. Já eu, sozinha no mundo, estava trampando; estava loucona, mas sempre ligada.

– Vamos fumar mais, põe a nossa pedra aí – alguém falou.

– Gente, tem alguém aqui, não estão escutando? – eu disse pra elas.

Aí levantei pra explorar, tipo criança curiosa mesmo. Elas vieram atrás pra ver o que era. Fomos seguindo a brisa do barulho. A gente sentou numa pedra e debruçou sobre o lugar de onde vinha aquele som. Vi uma lona preta enrolada, meio dentro e meio fora da terra. Dentro dela tinha um cara ainda vivo, juro que ele fazia "mmm... mmm", baixinho. Tava escuro, já era fim de tarde, e a gente estava bem no meio do mato, então eu não conseguia ver direito.

Fiquei em choque. Pensei: "Meu Deus, agora não posso nem peidar, porque se os caras souberem que eu vi, vão querer me matar!". Todo mundo correu, que nem em filme: na ponta do pé, sem fazer barulho.

Depois chegou pra mim a história de que tinha mesmo um cara lá – um pilantra, estuprador. Mas eu não sei, aprendi a não acreditar. Disseram que tamparam a boca do sujeito, enfiaram ele num saco e enrolaram na lona preta com arame farpado. Aí jogaram na cova e ainda deram várias pauladas com ele já dentro do buraco.

Eu mesma vi com meus olhos muito pilantra apanhar e nunca pude fazer nada. Um dia, estava junto com outros moleques – a gente andava sempre em bando, pegando droga pra curtir lá mesmo no morro São Bento. Como sempre, entramos no meio do mato pra fumar e tinha um sujeito sendo cobrado. Esse eu vi, bem olhado. Estava pendurado de cabeça pra baixo, enrolado numa corda. *Migos*, maior susto. Uns malucos tocaram fogo no pilantra. Esbugalhei os olhos.

A gente não podia falar, não podia correr. Até pra respirar a gente tomava cuidado. Fiquei paralisado até os caras se mandarem. Até hoje não sei qual era a fita. Só sei que, se alguém soubesse que a gente viu, não sobraria ninguém pra contar essa história. Testemunhou, dançou.

Uma outra vez, a molecada mais velha pegou de jeito um estuprador no meio da rua. Esse era estuprador de verdade. Tinha estuprado a própria filha de cinco anos. Eu estava do lado, escutei, me subiu muita raiva. Quando ele correu, saí atrás dele e gritei:

– Segura, segura, segura! Esse aí merece.

Depois fiquei mal, me arrependi. Não tinha ideia do que podia acontecer. Os moleques pegaram e não tiveram dó. Botaram toda raiva da vida em cima dele. Sabe aqueles portões de lança? Tinha um desses ali do lado... Foi horrível, mas naquela época era assim.

A lei do morro é dura e cruel. Às vezes passava um coitado de um psico – o usuário de crack de muitos anos no vício, quando a cabeça já nem funciona mais, fica num estado de dar dó. O cara roubava só bobagem, tipo roupa no varal de alguém pra trocar por pedra. Um chegou no morro pra pegar droga na biqueira e, por puro azar, a bermuda que ele usava era uma que tinha roubado de um amigo do traficante. Pronto, o psico ficou sem pedra e até apanhou. Quando o roubo era mais grave, o castigo também era mais forte. Já vi cara ter a mão cortada pra não roubar mais.

Mesmo com tanto perigo, aquele era meu mundo. Fui me acostumando e andava por lá sem problema. Subia o morro fazendo o corre pra qualquer um: viciado, ladrão, polícia. Negócio era negócio. E fazer corre era o meu negócio: prestar serviço para os outros. Chegava um cara querendo pó, eu buscava; querendo pedra, eu subia o morro pra pegar. Igual eu fazia pras putas e pros taxistas, só que agora era droga. Eu era o "avião".

Eu fazia corre também pros traficantes. Ganhava do comprador e também do vendedor.

Conheci bem os chefes do tráfico. O Nego Bala tinha o melhor pó do morro, era um bom fornecedor. Morreu de um jeito feio. Foi cobrar um moleque, o que era seu direito, só que de maldade destruiu a cara dele. Chega um dia, o Nego estava tranquilo, jogando baralho no meio da rua, em frente ao bar da Travessa, que também era o ponto onde ele vendia droga, e o moleque apareceu. Encheu o Nego Bala de chumbo. Não deu tempo nem de entender a cena. O Nego caiu de cara direto e reto na valeta, igual desenho na televisão. Na confusão, não sobrou ninguém. Todo mundo correu, menos o defunto e eu. Aproveitei o vazio e peguei o anel que ele tinha no dedo: um anelzão bonito pra caramba, que vendi por duzentos contos e fumei tudo em pedra, rapidinho.

Meus corres eram pagos em pedra ou em dinheiro; dependia. Pro traficante eu cobrava mais que para o usuário. Às vezes eu fazia o inverso e descia o morro pra fazer compras pros "trafica", porque eram procurados por inimigos ou pela polícia, nunca podiam aparecer. Levava para eles lanche, pizza, remédio da farmácia. Ia no posto carregar aparelho celular. Meu trabalho era bem variado; disso eu gostava.

Me entregavam dinheiro vivo pras compras e me pagavam com pedras. Ah, eu também comprava material de produção. Ia no mercado e saía carregado de saquinho de chupe-chupe. Eles chupavam, depois lavavam e secavam, e com o saquinho embalavam o pó. Cada saquinho, cortado, dava pra cinco balinhas de um grama, que eles vendiam a cinquenta reais cada uma. Lembro do valor, mas não lembro em que ano foi isso. A memória desse tempo ficou toda embaralhada.

No supermercado Dia, eu comprava mas também roubava. Com o tempo, meu corre mais importante passou a ser mesmo como avião. Eu ganhava pro corre e também em cima de cada saquinho. O usuário pedia dez saquinhos de pó, eu cobrava quatro vezes mais cada um. E o traficante ainda me pagava comissão. Então eu ganhava nas duas pontas.

Foi nesse corre da droga que comecei a fumar seriamente crack – a cocaína do pobre. Um quilo de cocaína vira três de crack, mas destrói muitas vezes mais. Até então, a minha droga era a maconha. Tinha experimentado melado, achei enjoativo, ainda bem. Não tinha a menor ideia da destruição que o crack podia causar no corpo e no psicológico. Eu simplesmente via os outros usarem, via a Babalu também fumar e pensei: "Ah, também vou nessa".

Foi a pior merda que fiz na vida, porque é uma droga rápida. Leva dez segundos pra fazer efeito, você fica todo ligadão. Uma euforia, tudo brilha, o coração bate acelerado, a pupila fica grande, você perde a noção do tempo, o medo e a vergonha. Só que 15 minutos depois, puff, tudo acabou. Aí você vai pra outro lugar, mergulha na depressão e na fissura: a vontade louca de fumar outra vez.

A dependência é psicológica, porque sua vida já é uma merda e tudo o que você não quer é se sentir assim, deprimido. A única saída possível é você fumar outra vez. Com o tempo, aquilo vai te matando. Você não dorme, não come, tosse, emagrece, tem dor de cabeça e um nervosismo que não passa mais. Rapidinho você sobe na escala. De usuário, logo vira um psico, ou nóia.

O usuário é aquele que ainda tá começando; ele é trouxa, vai usando, acha que tem domínio de tudo, mas não sabe de nada. Compra uma pedra, compra duas, compra dez. Gasta, gasta, gasta e, quando vai ver, já vendeu o relógio, os óculos, a moto, o celular, e já nem tem mais vontade de voltar para casa.

O próximo estágio é o de nóia ou psico. O nóia vende tudo que nem é dele, até o que não dá pra vender. Ele troca até a mãe por uma pedra, porque já perdeu toda noção.

Junto com o crack vem também a vontade de usar qualquer coisa. Eu cheguei a usar um pouco de tudo, qualquer tipo de droga que aparecesse. Só bebida que não. Nunca bebi. Ah, pera, só champanhe. Naquela época eu pegava umas garrafas boas na macumba.

COMANDANTE OU COMANDADA

Em 1999, quando eu tinha 17 anos, fui pega cheirando cola e enviada para uma espécie de abrigo em São Paulo, chamado SOS Criança. Acho que não me aceitaram porque eu não era da cidade. Por que me mandaram pra lá, também não sei. Sei que voltei para a delegacia de menor em Santos e de lá fui direto pra Febem.

A Febem pra meninas era na Parada de Taipas, entre Perus e a cidade de São Paulo, viagem demorada pra caralho, e eu já cheguei revoltada. Seu Agostinho tinha me deixado dois dias presa no corró da delegacia de Santos, sem comer, sem tomar banho. Eu estava pronta pra chegar na Febem e arrepiar. Só que, quando entrei, o monitor já saiu falando:

– Mão pra trás, aqui é a Febem, aqui é como a gente quer, é "sim senhor", "não senhor", e PCC é o caramba, PCC aqui é prato, colher e copo.

Eu sempre fui de retrucar, mas não retruquei, só falei:

– Tá bom.

A Febem era o caos. Tinha estupro e os monitores trocavam uma chupeta por uma hora a mais de banho de sol. Aí eu me lembrava do abrigo, de novo. Está errado colocar monitor homem na instalação feminina, não é?

Logo saquei que, pra sobreviver lá dentro, você tem que botar medo nas pessoas, pra ter conceito. Se pedir desculpa, as meninas montam em cima.

Na minha primeira noite na Febem, uma menina me pediu um cigarro. Eu tinha um maço de Marlboro. Não lembro o nome dela. Disse que não ia dar. Ela ameaçou:
– Ah, se tu não me der, eu vou pegar.
Respondi rápido:
– Então vem.
Aí já dei um pau na mina, para impor respeito. E depois não aconteceu mais nada, ficou por isso mesmo. Na Febem, ninguém cagueta ninguém. Os caras perguntam "quem foi?". Ninguém se apresenta. Ninguém tem nada a dizer.

Como todo mundo tinha medo dessa menina, e eu já cheguei metendo a mão nela, fiquei bem na fita. Pediram a transferência dela e eu fiquei na liderança. Na Febem e na cadeia, há a líder e as lideradas.

– Eu não vim para ser incomodada, vim para incomodar – eu dizia para as meninas lá dentro.

Mas a Febem não era só guerra. A gente fazia muito artesanato, crochê, estudava, e assim ganhava remissão de pena. Lá aprendi a fazer crochê, bordado, mochila, tapete... Cortava cabelo, fazia desenho, pintura. Ler e escrever eu ainda tinha dificuldade, porque nunca estudei. Só fui melhorar muito tempo depois, quando estava na cadeia.

Nessa primeira vez na Febem, fiquei seis meses e me liberaram. Só que eu não tinha dinheiro, não conhecia nada em São Paulo e também não tinha pra onde ir. Fiquei largada numa praça, no bairro do Limão. Encontrei outras minas da Febem e fomos juntas pro centro, roubar o de sempre:

relógio, celular, corrente de ouro e de prata. Não precisa dizer que de cara já pegaram a gente. Essa nova selva eu não dominava. Os polícias não deram axé e, no mesmo dia, lá fui eu de volta pra Taipas.

Agora eu já estava em casa. Cheguei, e a galerinha já gritou:
– Salve, Drica!

Dessa vez eu tive um relacionamento com uma outra menina: a Loira. Eu sempre fui extrovertida e divertida. Fiz amizade com ela e, quando a gente percebeu, misturou amizade com paixão. Ela estava carente, eu também. Casei com ela. A Babalu tinha ficado lá fora, na maloca em Santos, e eu, então, estava livre. Cada uma no seu caminho.

Na Febem não tinha droga, mas a gente improvisava. Eu fazia até cachaça pra vender. A gente chamava de maria-louca. Sabe aqueles baldes de manteiga, com tampa? O boieiro, cara que pegava a nossa boia, trazia o marmitex e servia sempre uma fruta – banana, laranja, um pedaço de abacaxi ou até um limão. Essas frutas ácidas a gente não comia. Escondia tudo no balde de manteiga. Juntava água e tampava o balde por sete dias. Aquilo ali ia cozinhando, ficando ainda mais ácido. Depois de sete dias, a gente abria o balde e colhia só a água. O resto estava azedo de podre. Então a gente passava a água para outro balde e dessa vez colocava arroz, porque o arroz fermenta. Tampava de novo e deixava mais sete dias. Depois abria e estava pronta a cachaça. Eu ficava olhando as meninas no pátio, assim, ó: dançando, viajando, depois de virar um copinho da cachaça *made in* cadeia. Aquilo dava um fogo do caralho, por isso o nome, maria-louca. E bate, *migos*!

Na Febem e, mais tarde, na cadeia, a gente desenvolve a criatividade, descobrindo um jeito pra tudo. Quando acabava a maconha, o que a gente fazia? Pegava a bunda da banana, aquela parte preta, e colocava no sol pra secar. Depois, bem sequinha, a gente picava, enrolava e fumava. Juro que dava a maior brisa... Tinha gente que colocava teia de aranha no bagulho, daquelas que têm veneno, e aí dava uma pegada mais azeda. Tinha gente que completava com pasta de dente, mas ficava doce, tipo fumo colombiano, eu não curtia. Preferia misturar o pó da banana com cigarro.

Tinha também o pitilho, uma droga caseira, feita com a cera do ouvido, que é do diabo! Você pega cera do ouvido, coloca no papel e deixa secar. Tem que fazer isso durante vários dias. Depois que secar, você mistura com a casquinha da banana e com cigarro. Depois passa pasta de dente, da branca, espera secar e é só queimar. Esse te deixa louco! Essas eram as táticas na Febem.

Foi lá também que aprendi Libras, a linguagem dos surdos e das presidiárias, pra poder falar com a mão. Tem hora que a gente está proibida de falar e tem hora que não quer ser escutada. Então, se a distância é curta, é a Libras que rola. Se a distância é maior, a gente tem outras linguagens, como desenhar as letras com as mãos, enviar mensagem com pasta de dente embaixo dos pratos ou papéis mandados de uma cela pra outra que corriam pelo chão, grudados no sabão.

A Febem foi a minha escola em muita coisa.

O SISTEMA

Quando fiquei maior de idade, recebi permissão para sair da Febem. O juiz te libera, você toma seu rumo. Mas para onde vai? Nisso, ninguém pensa.

As pessoas que, supostamente, deviam cuidar de você, gastam o tempo delas escrevendo relatórios que vão parar ninguém sabe onde e ninguém lê. É uma desorganização. De toda a minha infância, o que sobrou de registro é uma piada. E apoio, de verdade, não existiu. Sentimentos, cuidado, planos, futuro, isso cada um pensa só pra sua própria vida. A Assistência Social não assiste ninguém.

Como já contei, cheguei no mundo sem nome, sem família, sem endereço. Ninguém sabia da minha mãe e nunca foram investigar. Pedi pra todas as funcionárias, assistentes, psicólogas, mas acho que nenhuma delas conseguiu entender que um ser humano precisa de um pouco da sua história. Eu precisava de uma, com pelo menos alguma certeza sobre a minha história, pra não me sentir tão inexistente. E por mais que eu dissesse isso, ninguém – ninguém mesmo – foi capaz de escutar.

A única coisa que eles faziam era o que chamavam de "encaminhamento". O sistema é assim, pega o caminho mais fácil: põe você aqui, tira você dali, coloca em um novo lugar. E isso se repete até você adquirir a maioridade. Ao te passar de um abrigo para o outro, você chega a pensar que estão te dando a chance de ir para um lugar melhor, só que não. Aí você vai do abrigo pra rua, e quando completa 18 anos, da rua pra cadeia, da cadeia pra penitenciária. Assim todos vão se livrando de você.

Mesmo dentro do abrigo você não está protegido. Lá você vai conhecendo o mundo da rua. Tem todo tipo de criança: com problema grave na família, surtadas, dependentes químicas e de remédios. Sempre cuidei muito da minha higiene, levantava e logo ia tomar banho. Pronto, já dava de cara com gente usando droga no banheiro. Criança com história de abuso é o mais comum. Você mal acabou de nascer, ainda tem aquela cara de criança assustada, e as agressões começam logo pela manhã.

Eu ia pro quarto me trocar depois do banho da manhã e já tinha uma menina roçando na outra. Na cozinha, o monitor comia a funcionária e a funcionária roubava a nossa comida. Essa era a rotina. Aí se criavam os sistemas de chantagem. A gente falava pros funcionários: "Dá um passe de ônibus, tio, ou tia, senão eu vou falar por aí que…".

Fui estuprada dentro do próprio abrigo, que deveria ser um lugar de proteção, e nem cheguei a ir pro hospital. Desculpa se sou repetitiva, mas ninguém ficou sabendo. E o agressor, onde ele está? Por aí, ficou impune. E esse sentimento todo ia corroendo o que eu tinha de bom dentro de mim.

A prefeitura também mandava verba para o abrigo, mas a minha boneca sempre foi a mesma! Sem perna e sem olho, toda a vida.

E nesse caminho, até completar a maioridade, você aprende o quê? Como foi que o sistema me educou? O que eles ensinaram? A sociedade da qual faço parte, será que em algum momento realmente pensou em mim? Será que desde que nasci todo erro foi sempre meu? Será que já nasci assim revoltada e não havia mesmo nada que alguém pudesse fazer? Ou será que sou assim porque sempre me faltou tudo o que importa: estudo, apoio, disciplina, amor, atenção?

Eu queria ter conseguido ir pra escola, comemorar aniversário, ter uma festa simples de criança, mas nunca deu. Via um monte de brinquedos passando, comida, ovo de Páscoa. Doação não faltava, mas na minha mão nunca chegava. Era tudo pros funcionários e para os que eu chamo de "mais-mais".

Nos relatórios só ficou mesmo escrito que um dia eu cheguei no abrigo, nem consta a minha idade na época. Informam que eu fui retirada da Febem por duas vezes. Como se eu fosse um produto que você comprou e não gostou, me devolveram.

Hoje sei que precisava de cuidados, de aproximação com uma família, de uma adoção... Sem isso, fui crescendo solta e vazia. Aí, antes que viesse uma nova transferência, era eu mesma que fugia. Pensava: "Vou ficar aqui? Pra quê?". O próprio abrigo não tem estrutura ou conduta para lidar com as situações mais banais.

A personalidade da gente vem de onde? Só da gente mesmo, quando nasce? Talvez, mas muito vem da vida. Eu aprendi na falta e na dor. Encontrei o meu certo e o meu errado. Eu até sabia o que estava errado, mas quase nunca tive escolha, então fazia o que tinha de fazer para me manter vivo.

Nunca tive alguém por perto só porque gostava de mim, porque queria cuidar de mim ou porque se preocupava. As pessoas do meu lado cumpriam sempre uma função. Se alguém vinha perto de mim era porque tinha um interesse por trás. E eu sabia. Com o tempo, aprendi a fazer do mesmo jeito com os outros. Cresci com dúvida, desconfiado, revoltado, com uma vida totalmente destrutiva.

Sou filho da nossa sociedade, e ela me fez assim.

Cada um tem a sua história, e todo mundo teve suas fases melhores e piores. Porém, se muitas pessoas que conheci nessa vida nunca tiveram oportunidade de sair dela foi porque o próprio sistema, a área social, ou a sociedade, não conseguiu apoiar. Ninguém parou e pensou: "O que a gente pode fazer com essa criança para que ela não chegue a esse limite, de ir para a rua roubar, se drogar e outras coisas mais?".

Cheguei a conhecer a primeira-dama de Santos, braço direito do prefeito, que ia de vez em quando dar aulas para nós. Um dia o pessoal da televisão também estava lá, ela falando no microfone sobre o trabalho maravilhoso no abrigo e eu gritei:

– É falso, é tudo mentira!

Na mesma hora o prefeito me puxou de lado, colocou na minha mão um dinheirinho e me mandou sair. Dali em diante, toda vez que eu tinha chance de desmascarar essa situação absurda, tocava a confusão:

– É tudo mentira, eu morei em todos os abrigos e não é nada disso! A vida lá dentro é só sofrimento.

Pra me tirar do cenário, me davam de novo um dinheirinho e lá ia eu buscar a minha droga. Quando acabava, eu mesma já ia buscar o dinheiro no gabinete do prefeito. Entrava na prefeitura daquele jeito, bem pé de chinelo, toda suja:

– Quero falar com o prefeito.

Foi assim até eu ficar maior de idade. Eu devia ficar dois anos na Febem, mas meu aniversário chegou antes do fim da pena e eles foram obrigados a me liberar. Um alívio para eles, mas um pesadelo pra mim. Dali para a frente estava por minha conta. Deixei de ser problema deles. Passei a ser eu e só eu.

Eu estava livre para fazer as minhas escolhas, mas pra onde eu podia seguir? A gente vai pra onde conhece. E eu voltei para a maloca, em Santos.

A CASA-BOMBA

Quando saí da Febem, em 2000, peguei o trem, fiz baldeação, peguei a linha que vinha pro cais do Porto de Santos, via Cubatão – eu e mais uma pá de gente que saiu junto comigo. Cheguei na maloca e, no mesmo dia, reencontrei a Babalu. Fomos comemorar a minha volta com muita droga.

Entramos juntas numa casa abandonada, na rua Bittencourt. Era o que se chama de casa-bomba, onde os caras escondem arma, drogas... Coisas que todo mundo vende, todo mundo usa, todo mundo compra e ninguém vê. Eu nunca tinha ido naquele lugar e não sabia de nada disso. Nós duas estávamos lá, tranquilas e inocentes, usando a nossa droguinha, quando a polícia invadiu.

Todo mundo correu, Babalu também, e eu fiquei. Não estava nem aí, só tinha um baseado na mão, o resto já tinha usado, não me preocupei. Só que, escondido no mato, no terreno da casa, eles acharam um monte de droga e de arma. Não tinha sobrado mais ninguém por ali e pros polícia alguém tinha de pagar aquela conta.

Segurei a bronca sozinha. Eu não ia caguetar os caras. Essa é a regra, que eu já conhecia: tá comigo, é meu. Fazer o quê? Se eu falasse que não era, entrava na cadeia como cagueta. E pá! Estava morta, entendeu?

Conclusão: fui presa em flagrante por tráfico de drogas. Mal tinha feito 18 anos e meu presente de aniversário foi pegar a primeira cadeia.

Assim conheci o Segundinho, apelido do 2º Distrito Policial de Santos, onde ficavam presas todas as mulheres da região. No começo, aquele lugar era só para os presos em flagrante, antes do julgamento. Pela lentidão da Justiça, as presas acabavam ficando mais de ano enjauladas, antes de serem julgadas. Muitas eram inocentes. Para as sentenciadas, nunca tinha vaga em presídio. Então o 2º DP virou um presídio feminino improvisado.

Lá cabiam sessenta presas, mas tinha muito mais que duzentas. Eu até que já estava acostumada com aquela contenção do dia a dia, toda aquela gente amontoada. Nessa parte, achei igual ao abrigo. Só que dali era mais difícil fugir; querendo ou não, eu era obrigada a conviver com aquele monte de gente, todo dia, toda hora, escutar as mesmas vozes, cheirar o mesmo ar.

O mais absurdo é que aquilo era melhor que a Febem. Faz sentido? Não, né? Porém, na cadeia, você tem mais disciplina. Por conta da facção, não tinha aquela de tumultuar, de guarda fazer o que queria com as presas, ou presa fazer rebelião por qualquer motivo. A estrutura do bandido é o que dava a hierarquia. Igual aqui fora. Tem a estrutura, as instituições, os políticos, mas, querendo ou não, quem manda mais? É o bandido.

Na cadeia tinha presa de todo jeito, até mulher grávida, mas a maioria era ainda quase criança. O normal era elas serem presas por causa de homem. Tinham feito algum favor para namorado traficante, escondido um bagulho, ou ajudado o marido, fazendo as coisas no lugar dele, quando já estava na prisão. Das mais jovens, a maioria era inexperiente: caíam na primeira tentativa de fazer qualquer coisa. E os namorados desapareciam assim que elas colocavam os pés dentro da prisão.

Na cadeia ninguém dorme, só cochila. Mesmo assim, lá no Segundinho, as meninas colocavam uma regra. Quando me disseram isso, falei:

– Ahn? Qual é essa regra? Já tô presa nessa condição e ainda tem regra?

E elas:

– Tem. Até dez horas da manhã ninguém pode gritar no pátio, tem que respeitar o ar da companheira.

Eu não dormia mesmo, de qualquer jeito. Eu era aquela pessoa inquieta, de olho em toda a movimentação. Um movimento estranho, e a gente passa a notícia, pra dentro e pra fora da prisão.

No começo, eu não tinha direito a cama: ficava no chão mesmo, porque tinha também a regra da ordem de chegada: veterana na cama e novata na praia, quer dizer, no cimento do chão. Cada barraco tinha seis beliches, mas com mais de vinte morando; não cabia. A gente dormia de valete, com a cabeça de cada uma pra um lado e as pernas encaixadas umas nas outras. Eu, que sou hiperativa, ficava louca pra levantar, andar um pouco, mas onde? Não podia, porque tinha um monte de corpo estendido no chão.

Consegui meu lugar de preferência, perto da grade de entrada. Não trocava meu cantinho por nada. Ali, mesmo quando a cela estava trancada, eu podia trocar ideia com as minas das outras celas, via o que estava rolando lá fora e não me sufocava dentro do barraco. A carcereira mexia na tranca do portão, lá na frente, pra entregar o café da manhã, eu escutava e já gritava:

— Palmeiaaa! Palmeia, palmeia!

Isso quer dizer "se liga", sabe? Dando um toque pra mulherada.

Todo dia, acordava cedo. E as bonitonas queriam dormir até dez, 11 horas da manhã. O sol gritando lá fora, o barraco cheio de corpo suado, e elas dormindo. Meu Deus!

— Vamos, gente! Levanta esse corpo! — eu falava. Já começava a tumultuar, tirava a maior onda. As meninas queriam morrer.

Aproveitava a minha agitação para ser útil ali dentro. Eu "pagava o pão", que era receber e distribuir a boia. No café da manhã, almoço e janta. Eu também dirigia a sacolinha que ia e vinha no bonde — presa numa corda que levava as coisas de uma cela para a outra. A gente usava aquilo para tudo: passar mensagem, emprestar celular, trazer bolacha, pó de café, uma maconhazinha.

Além desse trabalho, pra não sentir o peso do dia, eu arrumava um jeito de ganhar a vida. Se nem colchão tinha na cadeia, imagina o resto: lençol, sabonete, papel higiênico e absorvente. Porque sou homem, mas também sou mulher.

Aí tive uma ideia que salvou a minha caminhada. Nos dias em que as presas recebiam visita, eu ficava trancado, porque ninguém vinha me ver. Porém, com o meu jeito comunicativo e sedutor, consegui autorização pra prestar serviços. Resolvi reivindicar, em vez de tumultuar. E deu certo.

Assim comecei meus corres atrás das grades. Não precisava mais ficar trancado e arrumava um monte de coisas pra fazer.

– Aí, famíliaaa! Alguém tem cobertor para lavar? Eu lavo!

Lavava cobertor, cortava cabelo na gilete, fazia a faxina do xadrez. As meninas gostavam de churros, eu fazia. Assava bolo e vendia, especialmente no dia da visita.

O bolo era assado dentro de uma casinha de tijolo forrada de alumínio, com uma perereca. Funcionava que era uma beleza. Perereca é um mergulhão: um rabo-quente, uma resistência elétrica improvisada, porque não tinha fogão. Você precisa só de um fio de cobre e um pedaço de ferro. Coloca o fio na tomada e mergulha ela em um balde d'água, com um pedaço de ferro. Eu usava um pregador de roupa, pra segurar tudo na posição.

Na cadeia, perereca é proibido, por isso quase ninguém tinha e valia ouro. Servia para esquentar tudo: água de comida, água do banho. No Segundinho não tinha água quente. O chuveiro era um pedaço de cano fino e a pia era no chão.

Enquanto as minas ficavam com a família, eu adiantava o serviço delas. E ganhava em cigarro, que é o dinheiro da cadeia. Tarefa pesada custava um maço.

Pras presas filhinhas de papai, a mãe trazia comida no Tupperware, comida com cheiro de casa. A turma da pobreza tinha de encarar o bandeco: comida pronta, horrorosa, cheia de salitre, servida na prisão. Então eu refazia o rango, temperava e esquentava na perereca.

Nos outros dias da semana, eu fazia crochê, bordado e vendia pras presas, ou pras famílias no dia de visita.

Em pouco tempo, do mesmo jeito que fiz no mundão, lá dentro eu já tinha a minha freguesia.

O ANEL DO "PRESIDENTE"

Minha primeira condenação, que foi de dois anos, nessa primeira cadeia, até que não foi difícil de aguentar. Em menos de um ano eu estava de volta pra Babalu, pra maloca, pras drogas e pra rua, pronta para as próximas aventuras.

O inimigo gosta do escuro; à noite, é mais fácil fazer delito. Uma noite, andando perto da maloca, em busca de uma vítima, vi uma luzinha acesa bem longe e estranhei: "O que é aquilo?".

Fui chegando mais perto e vi que era macumba. Tinha umas trinta velas brancas, garrafas de conhaque, champanhe, taças, umas galinhas pretas, farofa e umas moedas desenhando um círculo em volta das galinhas. E eu:

– Licença aqui, estourei!

Peguei tudo. Dezessete reais, só de moedas.

Não contente, comecei a olhar pra uma das galinhas. Vi que tinha uma coisa dentro dela. Era uma nota de cinquenta reais. Acredita nisso? Dentro da galinha morta. Estourei a galinha também. No fim saí com 67 reais e agradeci.

E ainda peguei a garrafa de champanhe.

Depois dessa descoberta, toda sexta-feira eu passava na macumba. Esperava o pessoal sair e levava tudo embora. Eu não tinha medo dessas coisas de religião, nem de cemitério. Meu medo era mesmo de gente.

Era março de 2001 quando morreu o governador Mário Covas. A gente viu o enterro de longe, no Cemitério Paquetá, que ficava bem ao lado da maloca. Tinha corrido o boato que era enterro de um cara importante: "O presidente!", o povo falava. Pra gente, governador ou presidente era tudo a mesma coisa. Era cidadão importante. As pessoas estavam vestidas com a cara da riqueza. Tinha cavalaria, estava cheio de coisa bonita, bem na nossa rua. Eu falei:

– Geeente, o presidente no nosso quintal! Que chique!

Depois que todo mundo foi embora, eu disse pros *migos*:

– Vamos lá, o cara morreu, o povo botou mármore, enfeite de cobre, anjos azuis. Ah, olha aí o dinheiro parado!

Decidimos esperar a noite ficar bem escura e invadimos o cemitério. Os meninos, que tinham mais força, levantaram a pedra, abriram o caixão, pegaram o fecho de ouro e o colar. Eu falei:

– Vou pegar o anel.

Só que estava difícil de tirar: o dedo tava inchado, não tinha como sair. Desisti. Mas a Trindade não. Fez o serviço necessário e levou como recompensa o anel.

Eu nunca tive estrutura pra fazer uma coisa dessas. Meu negócio sempre foi sobreviver da maneira possível, mas nunca tive maldade no coração. Já ela, estourava até cabeça de pomba na porta. Não estou julgando. Cada um, cada um.

O coveiro pegou a gente na saída, mas demos pra ele uma cachaça e um troco, e ficou tudo certo.

Meu negócio era delito *light*. Eu pegava flores do cemitério e vendia. O dia seguinte ao enterro era o Dia Internacional da

Mulher, então aproveitei. Vendi as flores do "presidente" no semáforo, cada uma por um real. Se ele ficasse sabendo, acho que não me importaria. Já os arranjos no vaso, vendemos de volta para a tia da banca de flores, que fica na frente do cemitério.

A corrente e o anel vendemos pro chefe do tráfico, no morro São Bento. Eu ajudei a negociar, mas vendemos por mixaria. Ele quebrou uma pedra, deu uns pedaços pra gente, um pouco de maconha, mais uns trocados e fomos embora. Fumei a maconha, o crack e o dinheiro: foi uma paulada atrás da outra.

O caso do cemitério saiu nos jornais, foi um escândalo. Investigaram quem tinha violado o túmulo, mas não descobriram nada. Não pegaram ninguém. E fomos nós.

Sei que isso pode chocar muita gente, mas essa é a realidade da rua, *migos*. A realidade do Brasil! Melhor saber.

A DROGA E UM FILHO

Na rua, passei a frequentar novamente o abrigo; mas, como agora era unidade de adulto, funcionava diferente. Servia mesmo só pra dormir: a gente podia sair e entrar a qualquer hora. Foi numa dessas saídas que conheci o Rogério.

Era época de Carnaval. Na fissura do crack, localizei uma presa boa, na praça do fórum, de noite. Passei a fita pros moleques, que ele era gringo, porque vi o cara falando outra língua. E pedi pra eles me ajudarem.

Cheguei perto, pedi um cigarro. Quando ele veio me dar, os caras grudaram para roubar. Rogério quis dar uma de He-Man, reagiu e se danou. Ninguém foi gentil com ele. Apanhou tanto que acabei ficando com dó. Eu era uma ladra que tinha dó, às vezes até de homem.

Não sei dizer bem por que, mas algo nele me atraiu. O Rogério era bonito, tinha emprego, trabalhava numa gráfica. Não era rico, porém tinha algum dinheiro. Os pais dele eram separados, mas eram amigos.

Fazia muito tempo que eu tinha claro pra mim que gostava de menina, mas ainda tinha meus momentos menina e meus momentos menino. Quando conheci o Rogério, esqueci que tinha aquela raiva danada de homem. Fiquei com ele.

Da primeira vez, foi tudo profissional: ele me propôs um programa e eu cobrei cinquenta reais. Na hora de pagar, me deu uma nota que eu nunca tinha visto.

– Mas que dinheiro estranho é esse? – reclamei, já invocada. Parecia de brinquedo. Achei que ele tava me tirando pra otária. Ele insistiu, disse que era euro, um dinheiro novo e que tinha muito valor. Fui direto na casa de câmbio pra trocar por real. E quase caí de costas!

Fizemos mais e mais programas, até que cansei. Sumi por uns tempos. Comecei a sair também com outros caras e, sem querer, engravidei. Quando revi o Rogério, já estava grávida do meu primeiro filho, o Gabriel.

Logo que engravidei, me mandaram para outro abrigo, sem nenhuma explicação. Comecei a ficar preocupada e resolvi contar para o Rogério que estava grávida. Disse que o filho era dele, mas que ia tirar, porque não conseguia cuidar nem de mim. Ele respondeu:

– De jeito nenhum. Eu vou assumir o filho, não tira, eu vou cuidar.

O menino nasceu no hospital, mas não lembro. Andava sempre drogada, um dia depois do outro. Não sei se os médicos perceberam meu estado. Sei que tive meu filho e que nesse dia fiquei feliz, porque não estava largada. Nesse dia eu tinha o Rogério, que me acompanhou e me deu a maior assistência.

Voltei pro novo abrigo com o bebê. Esse era grande, tinha outras mães com bebês e crianças pequenas, e bastante gente pra ajudar. Ainda bem, porque eu continuava interessada mesmo em usar drogas. Entrava e saía normalmente, mas, se fosse com o bebê, tinha de sair acompanhada de um monitor.

O Rogério continuava a me ajudar. Tinha acabado de alugar um quarto no corticinho da rua Amador Bueno, tinha saído da casa do pai, e a gráfica onde ele trabalhava era ali perto. Passado um tempo, chegou do nada no abrigo, disse que como a criança era dele, ia registrar o Gabriel e tirar a gente de lá. Alugou uma casa pra nós três. Fomos.

Mesmo assim, de repente entrei num ciclo de depressão, porque aquilo tudo era muito estranho pra mim. Enquanto o Rogério trabalhava, recomecei a ver a Babalu. A gente ficava na casa, namorando. A mãe do Rogério ia lá, dava palpite, se metia. Eu aguentava porque ela era "a multa" que eu tinha de pagar.

Às vezes eu surtava e não queria nada com o Rogério. Comecei a arrumar muita treta com ele dentro de casa. Batia nele. Quando ele saía pra gráfica, eu corria chamar a Babalu. Quando ele voltava, queria que eu mandasse a Babalu embora, mas eu dizia que não, que ficaria com ela. Passei a gostar do Rogério só pelo dinheiro. Ele teve muita paciência. Eu o mandava embora, mas ele não ia, por causa do filho.

Um dia eu não quis mais saber.

– Agora chega – falei, e ele se foi. Mesmo assim deixou a gente ficar na casa e ainda pagou três meses de aluguel. Ficamos lá morando eu, a Babalu e o Gabriel.

A casa era bem legal: tinha dois quartos, cozinha e uma área pequena. Uma casa de verdade, a primeira da minha vida. Rogério pagava o aluguel certinho. Era honesto, trabalhador, zé-povinho. Não usava pedra, nem outra droga, só bebia de vez em quando. Eu é que era louca.

Rogério voltou para a casa do pai, mas sempre ia ver o menino. Eu o tratava bem, mas só estava interessada no dinheiro que ele trazia. A mãe dele tinha voltado pra Itália e também mandava dinheiro pra minha conta, pra ajudar. Às vezes ela também me telefonava.

Passados os três meses, a gente é que tinha de pagar o aluguel. Comecei de novo a sair para roubar. Ia com a criança, no carrinho. Aí, um dia aconteceu. Eu estava dentro do supermercado Eldorado, roubando um monte – desodorante, carne, chocolate –, quando fui pega. Tive de chamar o Rogério pra ir buscar o Gabriel. Ele veio correndo, junto com o pai e um advogado. Passei a guarda do Gabriel pro Rogério.

A família ia voltar pra Itália. Lembro que Rogério me falou:
– Eu vou para a Itália. Minha mãe está te chamando para ir, vamos?

Acho que o Rogério foi a primeira pessoa que realmente quis cuidar de mim. Queria me ajudar, cuidar do meu filho, e eu mesma o afastei de mim. Porque já era tarde demais. Disse que não queria ir para a Itália. Joguei no lixo essa oportunidade.

Da delegacia fui direto pro 2º DP. Ele foi para a Itália e levou o meu menino. Melhor assim.

Era o ano de 2002. Foi a última vez que vi meu filho.

Gabriel era um bebê, não deve nem saber o que aconteceu. Perdi o contato, o número de telefone deles mudou e fiquei muitos anos sem notícias. Mas gosto de pensar que ele deve estar bem.

No fundo eu sabia que tinha perdido uma oportunidade de ter uma vida e uma família. E me drogava mais ainda, assim não pensava nisso.

TUDO EMBARALHADO

A vida ficou cada vez mais confusa. Eu não tomava banho, não comia, só queria usar droga. Meu relacionamento com a Babalu também se foi.

A partir daí tudo passou a ser momentâneo. A brisa da pedra, a abstinência e a vontade de sentir aquilo que você sentiu na primeira vez. Eu usava a cada dia mais droga. Tinha começado com três pedras. Nessa época, meu consumo era de sessenta, setenta, oitenta pedras. De uma só vez.

Fumava e andava rangendo os dentes pela rua. Só conseguia roubar se desse uma paulada de crack antes. Eu vivia para usar droga e usava droga para viver. Era o jeito de suportar a minha história de perdas e solidão. Quase não dormia e já acordava pensando na droga; ela comandava a minha vida. Parei de me cuidar, me rebaixei cada vez mais. Eu não comia, não tinha mais forças, me arrastava pelo chão. Perdi ferro, meus dentes caíram. Cheguei a um ponto em que deixei de viver.

Quando roubava, pegava o dinheiro, me escondia no hotel do lado da maloca e pensava: "Ah, que bom. Hoje eu vou comer, vou tomar banho, sair, vou comprar uma roupa". Mas era tudo mentira: o dinheiro ia todo para a droga.

Fui ficando cada vez mais feia, descabelada, e as pessoas começaram a ter medo de mim. Nesse ponto eu já nem conseguia mais roubar.

Minha vida corria cada vez mais risco. Sempre gostei de maconha, então resolvi insistir no meladinho. É assim: você dichavava a maconha, quebrava a pedra no meio, fazia uma mistura e embolava tudo na seda. Acendeu, bate na hora. Você fuma e sai totalmente do ar; vê as coisas bem distantes.

Eu gostava de ficar em cima dos trens, surfando. Ia da Libra Terminais até a Alemoa, em Cubatão. Um dia, eu estava embaixo, sentada, bem perto da linha do trem, vendo uma luz no fundo, lá longe. Só que a luz foi chegando, e eu pensando: "Nossa, olha a luz, tá crescendo, eu tenho poder, tô trazendo essa luz perto de mim". Gente, quase morri; era o trem! Olha o que faz a brisa, a alucinação! Nem sei como me safei dessa. Acho que alguém que estava comigo me puxou.

Outra vez, de manhã, passou na rua um policial, por quem eu já tinha sido pega várias vezes. Acordei com ele me chutando, porque não me aguentava mais. Fiquei muito brava.

– E aí, vai ficar chutando? – falei.

Comecei a discutir com o polícia. Ele veio para me bater, mas eu era muito forte e, por causa da droga, me sentia o He-Man: consegui tirar o cassetete dele e bati de volta. Bati mesmo: já dei duas na perna dele, muitos socos, ele perdeu a força. Foi ruim para mim, porque chegaram outros policiais e aquilo resultou em nova prisão e novo BO: desacato à autoridade.

Muita coisa durante essa parte da vida eu não lembro. Outras coisas eu lembro e confundo. Tenho dúvida se aconteceram. A droga bagunça também as lembranças da gente. O que lembro é que cheguei num ponto que nem me sentia mais uma pessoa real.

    Voltei para o 2º DP, o Segundinho. De certo modo, foi a minha salvação. Depois de alguns dias na cadeia eu já estava melhor. Sou forte, me recupero muito rápido.

    Em todas as minhas passagens pela cadeia, eu sempre tinha um corpo para chamar de meu: chegava e logo casava com alguém. Daquela vez conheci a Dirce, que já tinha experiência de prisão. Primeiro, tinha sido pega vendendo pó na travessa Dona Adelina, no beco dos estivadores de Santos. Foi solta, mas, como voltava pra levar droga para as meninas que estavam dentro da prisão, caiu novamente, ainda na portaria, em um dia da visita. Tinha dois filhos; o mais velho, o Endrik, estava então com dez anos. Mais tarde, ele acabou sendo morto pelo pessoal do tráfico na favela Mirim, em Praia Grande.

    Na cadeia, tinha pouco sapatão assim, masculino como eu; quando entrava um, "uhu!", chovia mulher em cima. Em todo caso, sapatão, lésbica ou não, a maioria acaba com outra mulher, mesmo aquelas que batem no peito e dizem que não gostam. Não tem jeito. É a solidão. Em cadeia de homem tem sempre um monte de mulher visitando o preso. Já cadeia de mulher não tem quase ninguém na porta. Quando tem, é mãe ou irmã. Então as mulheres ficam sem visita íntima, se sentem carentes, emocional e sexualmente. Aí, acaba acontecendo.

    Com a Dirce foi assim. Eu estava muito carente e ela também precisava de mim. Dirce tinha bronquite asmática, sempre passava muito mal. Então eu ficava perto, cuidava dela, assim não pensava em mim mesma. Cuidava tanto que acabei gostando dela. Sério, me apaixonei.

Esse amor foi interrompido porque me mandaram de novo pra rua. Eu já entrava e saía da cadeia, sem nem querer entender por quê.

TUDO POR AMOR

Eu já tinha perdido Rogério, Gabriel, Babalu e agora Dirce. Quando saí do Segundinho, em 2003, só pensava nela. E batia aquela saudade. Minha vida estava um tédio, sem sentido, só sofrimento.

Decidi visitar a Dirce na cadeia. Isso me trouxe um pouco de ânimo. Me preparei todo e fui, mas dei com a cara na porta. Não me deixaram entrar.

Não tive muita dúvida. Fiz uma escolha que pode parecer maluca pra maioria das pessoas, mas, pra mim, não.

No dia seguinte, voltei no meio tarde e sentei na porta da delegacia. Acendi ali o último toquinho de baseado que eu tinha.

Assim que os polícias me viram, não gostaram. Me enquadraram, me deram uma pá de bolacha.

– Quer saber? – gritei. – Pau no cu de todo mundo!

– Você quer voltar para a cadeia, agora que acabou de sair? – ameaçaram.

E respondi:

– Volto sem problema nenhum.

Foi o que faltava pra eles me entregarem. Me puxaram pra dentro da delegacia e lá eu tomei a maior canseira. Quando

entrei na cadeia feminina, já era quase noite. A tranca já tava fechada – eu ia ter que voltar e esperar nas celas da delegacia. Só ia chegar perto da minha Dirce no dia seguinte. Fiquei revoltado, gritei. Ela escutou a minha voz e berrou, de longe:
– O que você fez, mano? Tá aqui de novo?
E eu:
– Vim te ver, amor!
Esse grito foi bem alto, pra todo mundo escutar. Aquela cena da louca, sabe?

No dia seguinte de manhã, quando entrei no pátio de convívio, onde as presas se encontram e tomam sol, corri na porta da cela dela e vi que a Dirce não estava nada bem. Durante o tempo que fiquei fora da cadeia, a bronquite asmática piorou. E, mesmo depois que voltei, continuou a piorar.

Eu me apaixonei ainda mais pela Dirce, com aquela fragilidade. Eu só fazia cuidar dela. Dava banho, comida, fazia massagem e carinhos, tudo. Pra dar aquele ânimo.

Um dia Dirce acordou e sentiu cheiro de café. Achei que faria bem para ela e pedi para a dona da perereca, a Betão, um sapatão:
– Dá um pouco desse café aí?
– Quer beber café quente? – ela respondeu. – Eu cobro.
Fiquei brava.
– Quer dizer que quando o bonde para aqui, eu sou obrigada a empurrar a sacolinha para a tua porta, e você não pode fazer o favor de esquentar um café pra Dirce, que está doente? Empresta então a perereca...

Ela não quis emprestar. Passou uns dias, teve uma batida, a polícia entrou revirando tudo, procurando droga. E o que que eles acharam? A perereca da Betão no banheiro. Alguém caguetou para o carcereiro pegar. Pronto, acabou a mamata do café, para ela e para todo mundo.

Logo depois, não sei bem o que aconteceu, tiveram que reformar um dos barracos e correu à boca pequena que tinha coisa interessante no material dos pedreiros. Ainda por causa do serviço, avisaram que iam desligar a chave geral, íamos ficar uma hora sem luz. Logo matutei: "Vou lá investigar o que pode me interessar".

A Dirce ficou com medo.

– Ah, é perigoso, deixa pras meninas que estão há mais tempo, são mais velhas – disse ela.

– Velha? Eu sou é descolada!

Fui na obra, achei um resto de fio elétrico, perfeito pra fazer a minha própria perereca. Peguei. Muquiei o fio dentro do boi – a privada da cadeia, que é um buraco no chão. Coloquei bem lá no fundo, entocado no buracão, no meio da merda mesmo, porque é o único lugar onde a polícia não põe a mão.

Passados uns três dias, tirei o fio do boi. Dali em diante, quem tinha perereca na cadeia era eu. Comecei a esquentar café pra toda galera. E, com isso, eu ganhava meu pão. Fazia café, esquentava água pro banho e cobrava um cigarro por cada água esquentada.

Aí a Betão veio me pedir, na maior cara de pau:

– Aí, *miga*, então, será que dá pra você me dar um café?

Respondi:

– Lógico que não, desonesta! Nunca! Ainda mais pra você, que me negou. Quer café? Pra você, são cinco maços de cigarro!

A história da perereca não terminou por ali. Um belo dia, o barraco invadido foi o meu. Acharam a resistência. Tenho certeza de que foi caguetagem, vingança da Betão. Eu assumi que a perereca era minha, porque sou mulher suficiente pra assumir o que faço. Final da história: fiquei uns dias na isolada. Como o nome já diz, você fica fora do convívio.

A Dirce preocupava mais porque na cadeia faltava atendimento médico. Na cadeia a gente tinha médico e ao mesmo tempo não tinha. Uma vez por semana, abriam dez vagas para consulta. Como eram mais de duzentas mulheres, havia um sorteio. Ia para o médico quem ganhava nessa loteria.

Mesmo para quem não tinha atendimento, não importava qual fosse a doença, o remédio era o mesmo: dipirona. Dor de cabeça? Dipirona. Cólica? Dipirona. Dor no braço, no estômago, no joelho? Dipirona. Em pouco tempo, o médico que atendia a gente ganhou esse apelido: para nós, era o dr. Dipirona.

Havia também uma lenda sobre a razão de ele não examinar ninguém. Dizem que a última presa que ele tinha examinado, depois de ela ficar cinco anos na cadeia, sem transar com ninguém, foi o doutor encostar o dedo que ela gozou. Foi fatal. Daí pra frente, segundo a lenda, o doutor se apavorou.

Aí eu me pergunto de novo: não existe ginecologista mulher? Qual o raciocínio para colocarem um médico em presídio feminino?

Quando a pessoa estava doente, caso grave, pedia para ir ao pronto-socorro. Mas ir mesmo, só quando já estava quase morrendo. Quando a Dirce tinha uma crise forte, eu pedia pras polícias que levassem ela à emergência médica. Elas levavam, mas logo estava de volta. Nunca melhor.

Quinze dias depois que voltei para a cadeia, Dirce foi para o PS e demorou bastante. Uma hora cansei, fui pedir satisfação lá na frente, saber quando ela ia voltar. Dona Silvinha, a chefe das carcereiras, me chamou, chamou todo mundo do barraco e falou:

– Infelizmente, não tenho boas notícias: nesta madrugada, a Dirce partiu.

– Como assim, partiu? – perguntei. – Morreu?

Eu não conseguia acreditar. Tinha feito aquela loucura para ficar ao lado da mina... E em 15 dias ela morreu. Não entendia como minha vida era tão cheia de azar.

Fiz também uma música pra Dirce e pra mim mesma, para enfrentar aquela dor. Tinha um pedaço que falava assim:

Hoje por dentro eu choro
A falta da Dirce aqui
Meu Deus do céu te imploro
Por que o destino tem que ser assim?

Logo depois da morte da Dirce, houve uma audiência com o juiz. Eu tinha vários inquéritos acumulados: o do roubo do supermercado, depois o da farmácia e o desacato à autoridade.

O juiz já não aguentava mais a minha cara. Eu só pegava a mesma vara. Toda vez que ia para o fórum, topava com o mesmo cara. Ele já tinha me dado dois anos na primeira sentença. Então falou:

– Já que dois aninhos não são o bastante para você, agora vou te dar quatro.

E deu.

O BAGULHO VAI FICAR LOUCO

Mesmo depois de tudo que passei, pergunta se me arrependi de voltar pra cadeia por causa da Dirce: não. Na hora, não tive visão: eu queria aquela mulher. Mas depois também percebi que lá, na cadeia, eu podia descansar. Lá de dentro eu tinha meu corre certeiro e ainda podia usar meus contatos da rua. O mercado inteiro me conhecia e eu conseguia vender minhas coisas na rua, porque tinha o meu intrujão. Meus clientes fiéis eram essa gente que fica jogando nas praças, nas calçadas, coroas que compram coisa roubada.

Mesmo assim, com o tempo parado na cadeia, vai dando uma aflição. Aí eu fugia. Do Segundinho, fugi duas vezes.

– Dá pra fugir. O plano é o seguinte – falei para as meninas.

Coincidência ou não, era Dia das Mães. Fizemos uma pirâmide de corpos, uma subindo em cima da outra, até chegar no alto do muro. O pátio não tinha tela, era só escalar aqueles muros gigantes e descer do outro lado. Montamos a teresa, uma corda feita de pano de roupa, um monte de tecido amarrado com nó bem forte um no outro, e lá fomos nós. Umas 15 ou vinte meninas. Quem chegava no topo jogava outra teresa, pra escorregar rapidinho até o chão.

Chegando embaixo, havia um cara de moto me esperando. Eu tinha combinado tudo de dentro da cadeia, por celular. Subi na moto, as minas saíram correndo a pé mesmo, pra vários lados. A polícia saiu atrás de mim, em perseguição. A viatura bateu na moto, eu tava na garupa. Caí, minha perna queimou no escapamento. Tá aqui a marca que não sai.

A segunda vez que fugi, em 2004, deu um pouco mais certo. Passou até na televisão! Todo mundo gosta quando sai na TV, porque fica aquela falsa impressão de que a gente é importante. Dessa vez saí correndo a pé mesmo e consegui me misturar com as pessoas do morro ali perto. Fui pega dois dias depois da fuga. Eu não tinha como ficar foragida porque não tinha onde me esconder: não tinha pai, não tinha mãe, não tinha amigos, não tinha casa. Voltei para o mercado. Aí foi fácil, estava entrando lá quando um policial me rendeu.

Voltei pra cadeia, que estava parecendo um caldeirão. Gente doente, chorando, gritando, sem tratamento. Toda a tensão que fica depois de uma fuga. Fiquei tão louca que grudei a carcereira, dona Lorimar. Por que ela? Não sei dizer. Eu mesma não tinha nenhum problema com ela, mas as minas eram o maior mimimi, ficavam reclamando no meu ouvido, dizendo que tudo na cadeia estava uma merda e ameaçando que iam grudar ela, pra ver se provocavam alguma reação. Falavam, falavam, só que ninguém fazia nada.

Ooôô mulherada pra gritar no meu ouvido! Cadeia de mulher é um perereco do caralho! Brigam por causa do varal, da calcinha, do pão... Tudo garganta... Quando a carcereira chegava, ninguém ia em cima dela. Chega uma hora que aquilo atordoa a cabeça da gente. Ninguém tem mais paz. E eu estava irritada.

– Vou mostrar como se faz – falei. E gritei pra dona Lorimar:
– Senhoooora!

Ela veio.

– Que é?

– Olha a menina passando mal. Tem que ver isso agora.

Quando ela foi olhar, falei:

– Vou ensinar vocês como é que gruda polícia.

Na minha infância, em Santos, tinha muito japonês, turista de fora, por causa do porto; eu vivia roubando os caras. Aprendi a aplicar a famosa gogozeira, que é quando você agarra por trás, passa o braço pelo gogó e imobiliza o coitado.

Saí pra cima da dona Lorimar, dei um belo dum gogó nela; arrastei a mulher pra dentro e fui comandando as minas.

– Agora vocês vão ver o bagulho ficar louco.

Dona Lorimar ficou quieta, não falava e não se mexia. Quando olhei, tinha uma roda de presas em volta dela, algumas com pau na mão. Quem vai reagir? A carcereira estava apavorada. Pra ela ficar calma, expliquei que a gente não ia fazer nada com ela, era só uma simulação. Mas a gente queria reivindicar uma situação melhor.

Levei a dona Lorimar para um barraco lá do fundo. Umas ficaram tomando conta da polícia, na contenção, enquanto o resto revirava tudo o que tinha nas celas, só para fazer cena de terror e chamar a atenção do diretor.

A rebelião estava feita. Simples assim.

Já podíamos começar a negociar, fazer nossas reivindicações; nós de dentro e o diretor no corredor.

As bandidas que se diziam as mais-mais foram perto dele desenrolar a palavra. O diretor perguntou o que elas queriam, mas as tontas não conseguiram explicar os motivos da rebelião. Reclamaram que o macarrão não tinha cor, que à noite não tinha vento. Estavam malucas, né?

Fiquei furiosa e subi com outra mina pra tomar voz.

– Seu diretor, o negócio é o seguinte: eu não tenho visita, mas as companheiras têm. Então vamos dar uma atenção. O horário da visita entrar é às nove horas, não dez, 11, meio-dia. Fica todo mundo até tarde esperando no sol, na chuva, do lado de fora do portão. Vamos respeitar as regras. O rango que as visitas trazem chega todo revirado. A gente quer respeito com a comida que as famílias preparam na maior boa intenção.

Falei também da assistência médica, que não existia, do remédio que não tinha e da falta de sol. Quatro horas da tarde, a gente já ficava trancada, sendo que o sol ainda estava estralando.

– Isso tem que mudar também.

Logo chegou o juiz corregedor. Falei para ele ainda do leite azedo, do pão com cabelo dentro e do feijão cru, que dava a maior dor de barriga. Da falta de um psicólogo, das nossas cartas, que eram censuradas, da mãe que vinha pedir informação e voltava pra casa sem nada. A gente estava querendo o mínimo. Era só uma melhoria pra mulherada se acalmar e a gente poder viver em paz, sem precisar tumultuar na cadeia.

– Doutor, a gente respeita a lei de vocês e vocês respeitam a da gente. Cada um tem que cumprir a sua.

Eles não atenderam nada na hora, só prometeram. A gente acreditou na sinceridade e soltamos a dona Lorimar. Foi instantâneo: os homem entraram metendo bala de borracha. Aí eles provocaram. Aquilo era pedir uma rebelião de verdade. Derrubamos as grades. Foi difícil. Ia todo mundo junto fazendo peso e voltava até a gente conseguir arrancar. Depois, com as grades, fechamos o corredor.

Eu continuei no comando, agora com muita raiva:

– Coloca as pererecas para arder, umas com óleo e outras com água.

A gente jogava a água quente e o óleo fervendo pela grade. Gritava, chutava. Cena de filme de terror. E os policiais mandando bala. Como eles dizem, em autodefesa.

Os homens apavoravam e nós também. Pra não desistir, a gente se revezava. Pessoal do lado ímpar ia pra luta, depois descansava enquanto a turma do lado par saía pro enfrentamento. Ficamos nessa até aguentar. Dois dias inteiros em rebelião. Eles venceram pelo cansaço.

Resultado: uma pá de minas ficou ferida, umas senhoras também. Gente com tiro no braço, na perna. Algumas tiveram de ser internadas.

Eu já tinha cumprido três anos e pouco, estava no fim da minha pena, mas aí abriram um outro BO por causa da agressão.

A única coisa boa que vivi no Segundinho foi a chegada da Flavia. Na cadeia, a gente fica jogada, esquecida. A nossa rotina era mentira, falsidade e rebelião. Tinha dias em que as carcereiras não conseguiam entrar no convívio; era uma zona de guerra. Elas comandavam do portão para fora; a gente mandava da porta para dentro. Depois que a Flavia chegou, tudo mudou.

Quando ela apareceu pela primeira vez, eu estava lá no fundão, fumando um back, quando vi um corpo passar. Falei:

– Vixe, chegou água.

Água é detenta nova, ingênua, presa fácil.

Fui saber qual era a fita. Ela estava junto com a professora Carla, da prefeitura. Mal conseguia olhar pra gente, atrás das grades. Pensei: "Ué, tá com medo? Traficou, roubou, o que será que ela fez?".

– Mas tu é presa? – perguntei.
– Não, vim como voluntária – ela disse, e olhou dentro dos meus olhos.
– Você não é polícia não, né?
– Não, eu vim trazer coisas boas para vocês.
Ainda tirei uma onda com ela:
– Ah, tá... Falou, anjo Gabriel!
A gente falava que ela era a defensora dos fracos, pobres e oprimidos.
– Geeeente – alguém comunicou –, essa aqui é a professora Flavia. Vai dar aula de informática e alfabetização para quem quiser se inscrever.
Até que enfim alguma coisa boa pra ocupar o nosso tempo. As aulas eram na sala nova, reformada, ao lado da cela da isolada.
Primeiro, eu não tive vontade. Achei a mulher a maior patricinha. Na outra semana ela fez um bolo cheiroso e levou pras alunas. O povo comeu e eu não, porque não estava lá.
Na semana seguinte, quando ela chegou e passou nas grades, perguntei:
– Professora, posso falar com a senhora?
– Como é seu nome?
– Xakila.
Xakila era meu nome de cadeia; por causa da série com a Turma do Gueto, na TV Record. Tinha o Jamanta e o Xakila, um cara que batia de frente, grudava os caras no gogó. Eu era assim lá dentro, e o apelido pegou.
– Eu quero entrar na sua aula, como faço? – perguntei.
– É só pedir pra colocar você na lista.
As aulas eram da hora: a gente lia, conversava, pintava e aprendia informática, mas só tinha um computador. Ela dava

atenção para cada uma. Eu fazia várias lições e aprendi a ler e a escrever melhor. Quando aprendi a ler e escrever de verdade, estava com 23 anos.

As meninas contavam as histórias delas, pediam conselho, e eu escrevia uma letra de música em cima de cada história. Antes, eu já fazia as músicas, mas pedia pra alguém escrever para mim; daí pra frente, comecei eu mesma a escrever as letras. A professora Flavia ensinava e corrigia. Escrevíamos cartas pras minas mandarem pra mãe, pro namorado, pro marido ou mais alguém. Assim, eu também aprendia.

A gente começou a pegar amizade. Com a Flavia, a gente podia falar de nós mesmas, porque ela não vinha com julgamento. A gente sonhava, pensava no futuro... O que era falado entre nós ficava entre nós. Eu fui me aproximando. De Xakila, pra ela fui virando Xal. Era assim que ela me chamava: Xal, Xaxal e Xalzera, quando eu levava muita agitação.

Nosso primeiro trabalho foi um jornal. Tinha piada, artigo, letra de música e poesia. Cada época a gente sugeria uma coisa, criava projetos, como uma festa de Dia das Crianças, de Páscoa, de Dia das Mães. E teve também o desfile de moda, que foi o maior sucesso.

– Professora, qual vai ser a atividade hoje?

Foi uma época muito diferente de todas as outras que passei na prisão. A Flavia conseguiu autorização pra gente usar até o vaso sanitário da sala. Fazia anos que muita mina não via uma privada. Uma coisa que pra muita gente é normal, mas para nós era tudo de bom. Um jeito de se sentir gente novamente.

No fim do ano, teve a festa da tranca aberta de Natal. A cadeia estava mais calma, não tinha mais briga, nem rebelião. As coisas estavam da hora pra todo mundo, e o Natal era o único dia de visita pra toda a cadeia de uma vez só. Durante o ano, as visitas eram marcadas em dias separados: as celas do lado ímpar tinham visita em um dia e as do par no outro. Só eu que não tinha em nenhum dia – nem mesmo a Babalu jamais veio me visitar.

Criei coragem e perguntei:

– Professora, a senhora não quer ser minha visita nessa tranca aberta de Natal? Sei que é complicado porque é no dia do Natal, mas a senhora é minha convidada. Eu nunca tive uma visita. Nem precisa trazer presente, mas, se quiser, tô precisando de uma bermuda. Pronto, falei.

Só que o que eu tava mesmo precisando era de me sentir importante pra alguém.

Nunca pensei que ela ia aparecer. Mas veio. Naquele dia de Natal pressenti que a minha vida tinha começado a mudar.

Eu estava lá no fundo do pátio, cortando o cabelo de um moleque, quando meu radar captou ela entrando, passando pela gaiola de grade. Larguei o menino no meio do corte, joguei a navalha, sai correndo e gritei:

– Gente, ela veio, minha visita chegou! Ela veio, a professora Flavia, minha visita, olha ela aqui!

Repeti isso não sei quantas vezes e mostrava ela pra todo mundo. Desse momento eu lembro tudo. Pela primeira vez na vida, mesmo que fosse na cadeia, eu tinha uma visita.

Ela ficou de voluntária na cadeia mais um ano. Já não ficava mais trancada na sala da escolinha. Tinha autorização pra vir ao convívio. A gente fazia aula de dança do ventre. Eu aprendi a filmar, e filmava as mulheres dançando. Ela também entrava dentro das celas, conversava, escutava as histórias e gostava de ver as fotos que estavam coladas na parede. Era tanta coisa pra fazer que ninguém mais brigava. Nem pelo sorteio pra ir ao médico. Havia dia que o doutor nem tinha quem atender.

Durante um tempo, todo mundo estava mais feliz e com um pouco de esperança no coração.

No fim do outro ano, veio a notícia de que a Flavia ia mudar de Santos. Fiquei confuso e aflito. Eu realmente não era uma pessoa de sorte. Mesmo assim, a gente era grata por tudo o que ela tinha feito. Então tive a ideia de a gente fazer pra ela uma festa.

– Espera aí! – falei. – Vamos fazer uma homenagem surpresa.

Todo mundo pirou. Durante um tempo, dia e noite, a gente nem dormia. Era ensaio, coreografia, arrumando as roupas. A festa ia ser no começo do outro ano, no mesmo dia em que eu vendi as flores do enterro do "presidente": o Dia Internacional da Mulher.

Ela veio de São Paulo e todo mundo estava ansioso e feliz. No fim da apresentação, a surpresa final. Eu tinha escrito uma letra de música, falando tudo o que a gente tinha feito junto, o que a gente tinha aprendido e o que ela tinha deixado pra nós. A cadeia inteira entrou no nosso palco junta, cantando e batendo palmas. Nossa, maior emoção!

Saiu na Globo, nos jornais, a gente cantando pra ela na frente do juiz, do diretor e de mais uma pá de gente.

Amiga Flavia você sabe o sofrimento,
Coração bate acelerado, uma saudade
Essa homenagem é pra você ficar feliz,
Que tá com nóis, lado a lado até o fim.
Você ajuda até quem não tem visita

*Graças a Deus ainda temos uma amiga
Ó Flavia, não vá embora,
A gente te adora, te adora, te adora...*

Era assim a nossa música de gratidão. Ela não tinha ideia, não esperava: ficou vermelha de tanto chorar.

No dia seguinte, a cadeia toda estava quieta. Algumas coisas continuaram, não tinha mais a tranca nos fins de semana e durante a semana todo mundo ficava solto no sol. Algumas coisas boas ficaram, que a gente conseguiu por causa dela, mas a Flavia foi embora e a gente ficou, até o dia de cantar o alvará – a ordem de soltura. O meu chegou, e voltei para a rua, como num filme que se repete até nunca mais.

NA IGREJA

Eu na maloca, roubando, doidona e traficando. Tinha evoluído: os caras chegavam junto, pediam pra buscar droga no morro, só que eu estava mais malandra, investia. Vinha lá do morro já com umas 12, 13 pedrinhas. Quando me pediam pra buscar, eu dava só uma voltinha e aparecia com a droga que, na verdade, já estava comigo.

Eu vendia e usava, usava e vendia. Uma vez, estava com o pessoal das malocas fumando num beco quando apareceu um cara perguntando se sabia de um lugar para usar droga. Disse que tinha uma maloca ali do lado, onde já estavam umas meninas. Ele pediu um lugar mais reservado, não podia ser visto porque estava na saidinha da prisão. Estava a fim de conversar. Ainda me contou que a droga dele tava entocada ali perto, desde o dia em que tinha ido pra prisão.

Na rua Amador Bueno, tinha um monte de puteirinhos; lá ficava o Madri, hotelzinho que eu costumava frequentar. Alugava quarto por dez reais. Usava pra tudo: dar uma paulada, pegar uma mina, me esconder depois do roubo, ou até fazer que ia dar para algum cliente, mas pensando em roubar.

Disse que lá era seguro e eu podia fazer companhia. Fomos. Pegamos um quarto, a princípio pra fumar. Ele foi se engraçando, achei que estava querendo alguma brincadeira, avisei que eu era macha e gostava de mulher.

– Nega, tá tranquilo, só quero usar uns bagulhos mesmo – ele disse.

De repente, uma barulhada. Apareceu um bando de caras atrás dele, já sabiam que ele tinha saído da prisão. Talvez estivessem no mesmo hotel, não sei como o encontraram ali. Mas já vieram chutando a porta.

– Vai, vai, vai, vacilão, perdeu, perdeu! – falaram.

Deram várias coronhadas no cara, e eu, apavorado, só falando que não sabia de nada. Começaram a atirar. Foi muito tiro, muito mesmo. E o cara caiu pela janela, todo ensanguentado. Imagine a cena.

Eles poderiam ter me matado, mas não aconteceu. Eu falei que era a Xakila, eu era conhecida, acho que isso me salvou.

– Tá sussu, tá sussu. Não viu nada, hein? – um deles falou.

Me deixaram ir embora; na saída ainda peguei as coisas do cara, um pouco de dinheiro e as drogas.

Às vezes eu trocava droga por tênis ou camisa. Depois roubava pra comprar a próxima leva. Não escolhia estabelecimento. Cheguei até a roubar igreja. Acho que, se Deus me pegar pra compensar meus pecados, não vou pro céu.

Uma vez, eu estava passando na frente na Igreja Universal, na avenida Ana Costa, quando o pastor, na porta, me falou assim:

– Ei, jovem, entra que Deus quer falar com você.

Entrei. Sentei. Fiquei lá, simples, humilde, só observando.

Era o que eles chamavam da "noite do empresário". Cada um tinha que colocar um tanto de dinheiro para receber uma graça do Senhor. Vi que o pastor era esperto. Ele gritava:

— Você que tem mil reais, vem aqui na frente fazer uma doação!

O pessoal fazia uma fila pra jogar a grana na cesta de doação. Aí ele ia baixando o valor:

— Você que tem cem reais, deposite aqui que Deus vai te abençoar...

Pensei: "Vou lá, mano, chegou a minha vez". E fui. A fila de cem reais era grande, e enquanto ela andava eu estava só no pensamento do que ia fazer.

Quando chegou a minha hora, meti a mão fechada, como se meus cem reais estivessem ali dentro, e pá! Em vez de colocar, tirei. Essa foi a minha contribuição.

O pastor sacou o que estava acontecendo, veio atrás de mim, mas eu saí fora rapidinho.

Outra coisa vergonhosa que fiz foi roubar um cego. Naquele caso, se não fosse eu, seria outro. Estava andando tranquilo, quando o cego me chamou:

— Amigo, essa nota na minha mão é de quanto?

Era uma nota de cem. Peguei pra mim. Não resisti. Hoje eu não faria isso, mas, naquela época, não estava nem aí.

Comecei também a fazer prostituição. Comprei um aplique pra ficar de cabelo comprido. Vixe, me achava feia pra caralho, mas o fato é que arrumava cliente! Era vivida, sabia como satisfazer sexualmente e como roubar ao mesmo tempo. Já roubei carteira com o pé. E já fiz chupeta enquanto passava a mão no dinheiro do cliente.

Uma vez, encontrei um negão de boca torta, com tique. Comprou droga comigo e, quando passou a brisa, voltou dizendo que estava excitado, perguntou se a gente podia ir para o hotel.

— Quanto é?

– Cem reais! – falei.
– Cem reais?
– Se quiser – eu disse. – Faço tudinho e mais um pouco. Se não quiser...

Achei que o cara ia querer me comer. Estava preocupada, ele era grandão. Chegamos no quarto do hotel Madri, fiquei enrolando, fui tomar banho e pedi pra ele tomar também.

Quando ele saiu do banho, o bicho estava de calcinha. Adorei. Quem iria comer ele era eu. Normal, cada um tem a sua fantasia, né?

A MEGARREBELIÃO

A vida na rua estava assim, mas, como sempre, nunca durava muito tempo.

Me chamaram pra invadir a loja da Adidas, porque precisava pular o muro e eu era bem-treinado nisso aí. Pulei, subi no telhado, tirei as telhas, nem lembro como, estava loucona. Caí pra dentro e abri as portas pros caras entrarem.

Sentei, fiquei tranquilo, fumando, como se ali fosse qualquer lugar. A polícia chegou, os caras fugiram e dei a maior bobeira, por causa da maconha outra vez. Tinha coisa quebrada na loja e alguém tinha de pagar. Me levaram, foi horrível, apanhei pra caralho. Fiquei presa de novo e dessa vez foi o meu pior BO: assinei 157, assalto à mão armada, por causa de um canivete que estava no meu bolso.

Dessa vez fui parar em Santana. Também não era cadeia, era presídio. Tudo é mais organizado, a gente usa uniforme – calça bege e camiseta branca –, a comida é quente e a gente dorme em cama, com o colchão bem fininho, mas só duas mulheres em cada quarto.

Lá, as presas trabalhavam seis horas por dia. Quem era da firma, ia para a firma; quem não trabalhava, ficava no pátio esperando abrir uma vaga. Demorava uns trinta dias. Fiquei esperando; logo chegou.

Fui escalada para trabalhar nas oficinas da Sembre. Costurava capa pra bola de vôlei. Aprendi facinho, não tinha segredo. Era jogar na máquina e ficar controlando a quantidade. Uma hora cansei e pedi transferência pra cozinha.

Depois também fui trabalhar pra Ciranda, fazendo livros de criança. Na gráfica, a gente imprimia os livros, que nem uma estamparia.

Em Santana tinha trabalho e organização, mas foi lá que participei da maior rebelião na minha vida como presidiária. Em todas as cadeias para as quais eu fui, teve rebelião. Em Santana, não foi diferente. A confusão nunca era comigo, mas eu tomava as dores e entrava, às vezes sem nem saber direito a razão.

Acho que era a síndrome de abstinência da droga que me revoltava. Eu surtava com a polícia, com a companheira de cela, com quem estivesse na frente. Sempre fui agitada e ansiosa, e sem a droga ficava ainda pior. Além disso, sempre fui mandona. Tudo tinha que ser do meu jeito, senão já viu...

A rebelião de Santana aconteceu em 2012, na véspera do Dia das Mães. Começou por nada, com duas minas se estranhando dentro do barraco. Só que o povo se contagiou. Quando vi, já tinha fogo, vassourada, facão. Nesse nível não tem essa de não participar. A fala era:

– Ou corre com nóis, ou fecha com nóis.

Logo tacaram fogo nos colchões e pegaram seis carcereiras e a diretora. Os polícias entraram vestidos de preto, de máscara, cavalo e cachorro. Só que a gente tinha as reféns. Precisávamos ter muito cuidado de como negociar: dar os peixes pequenos e segurar o grande; soltar a diretora, de jeito nenhum.

No telhado da penitenciária tinha um depósito de gás. Subimos lá em cima. Coloquei um monte de corpos na minha frente, além da diretora, com mais duas presas me ajudando. Falei que se atirassem ia morrer todo mundo, porque atrás da gente estava o gás.

Na hora é aquela emoção: a gente acha que vai conseguir. Mas o final é sempre o mesmo. Uma hora a mulherada se rende, eles sempre vencem pelo cansaço. Quando tudo acabou, apanhei pra caralho.

— Aaaah, neguinha, então tu gosta de ser homem? Vai apanhar que nem homem.

E apanhei, colocada em um pau de arara! Fiquei pendurada só de top e cueca. Eu, com essa minha bundinha murcha, tomava cada madeirada! Eles colocam um pano em cima, para não deixar marca pra sempre. Ainda levei choque com fio. No final de tudo, uma semaninha no corró, o quarto de isolamento, tipo uma solitária, e mais 15 dias na tranca, sem sair nem ver o sol. Além de ser um castigo, é o jeito de não aparecer toda marcada no convívio.

Por causa da minha atuação na rebelião, quando os roxos e as marcas melhoraram, me mandaram de bonde para outro presídio: Franco da Rocha.

Lá todo mundo dizia que era um horror. Já cheguei desconfiada. Fiz o procedimento inicial, dez dias na cela separada, na ala da inclusão. É o tempo certo pros policiais aterrorizarem a nossa mente.

— Quando for pra dentro, vão te pegar; mulher bonita e sapatão, já viu...

Dez dias parece que não passam, por causa da tortura psicológica. Nesse tempo, te perguntam coisas e te observam. Precisam saber se você é de alguma facção. Na baixada de Santos, eu sempre conhecia alguém dentro da prisão. Mas em cima, em São Paulo, não tinha ideia com quem eu ia trombar. Como nessa altura da vida eu já tinha dado paulada em várias minas por aí, fiquei cabreira, com medo de chegar em um ambiente que eu não dominava e topar com alguém do contra. Se é só você e a mina, tranquilo, eu desenrolo, mas eu estava chegando num ambiente que não era meu, cheio de gente que eu não conhecia. Decidi: "Não vou não".

Faltavam só seis meses pra acabar a minha pena. Terminei ela na cela de inclusão. Escapei de entrar no convívio de Franco da Rocha e voltei para a rua. Não sabia que o pior ainda estava por vir.

HIGHLANDER

Uma vez solta, adivinha, não durei. Fui presa de novo no 155, roubo, com bonde direto pro Dacar IV, o presídio feminino da cidade de Santos. Era o ano de 2013.

Entrei já tensa. Pra dar uma relaxada, fui bater uma bola com os sapatões.

— Aí, vai moleque! — alguém falou. — Pega a bola, mata no peito.

Quando olhei pra bola, era a cabeça de uma mulher. O cabelo da mina todo melado, um olho meio saltado pra fora, um pedaço roxo. Estava dentro dum saco plástico preto, já todo rasgado. Aquilo sim foi recepção.

Entendi que ali não era lugar de brincadeira. Lá só tinha *highlander*: cortador de cabeça. Me mostravam vídeo de mulher cortando a orelha da outra. Era insano.

Minhas condenações eram, em sua maioria, calmas; eu não andava com o pessoal do assassinato, então tudo isso era novo e assustador.

Aprendi que, na cadeia, a gente tem que ficar embaixo da luz. Se você está no centro e alguém vem por trás, seja de que lado for, você vê a sombra antes de a pessoa chegar.

Uma vez, eu estava no pátio e vi pela sombra uma mulher

vindo para cima de mim. Me virei, lutei contra a mina, tirei a faca da mão dela e revidei. Antes ela do que eu. Foi uma questão de sobrevivência. Não sei como ela ficou, nem mesmo se morreu. Assim que reagi, outras presas que tinham encrenca com a mina aproveitaram para juntar nela também. Saí fora. Quando os guardas tiraram a menina, ela estava desfigurada, segurando as tripas para que não caíssem no chão.

Na mesma noite, escutei as meninas da cela cochichando:
– É bandida, vamos pegar.

Achei que era comigo, que tinha chegado a minha hora de morrer. Essa noite não preguei o olho. No dia seguinte fiquei aliviado, quando entendi que estavam falando de pegar a carcereira.

De qualquer maneira, lá já tinha dado pra mim. Aquilo era um pesadelo. Tumultuei, queria ir de bonde pra outro lugar. Não consegui a transferência e fui parar na isolada.

No Dacar, era uma presa por cela. Eram vinte celas de isolamento no total. Você escuta a outra, troca uma ideia, mas não vê absolutamente ninguém.

Cinco celas estavam com presas, contando com a minha. Na cela só entrava você e mais nada. Nem roupa, nem sabonete. Banho era só com água. Eu tinha só a roupa do corpo e um par de meias, sem chinelo; um lençol, sem coberta. No chão, um colchão rasgado e fedido; preferi dormir no piso frio.

Para comer, me deram um prato de plástico azul e um copo manchado, que só de olhar você sente nojo. No primeiro dia, o bandeco só veio às três horas da tarde. A comida estava fria: uma carne verde, sebosa, aquele fígado rançoso, com nervo. Parecia até o pinto de alguém; o bagulho era muito feio.

A fome era enorme, mas não encarei.

Pra não me sentir muito perdida, marcava os dias riscando a parede. Foram dez traços sem ver uma pessoa nem a luz do sol. As celas ficam num porão. Luz só tinha mesmo no corredor, até as seis horas da tarde, quando entregam a última refeição. Depois disso a gente cantava pra preencher a escuridão.

Passados uns dias, tive cólica. É feio, mas vou contar. Pedi absorvente, a mulher disse que não tinha. Tirei minha camiseta, fiquei só de top. Rasguei em pedacinhos e fiz vários paninhos pra tentar resolver.

Tudo muito desumano. No último dia, surtei. Não estava bem da mente, comecei a chutar o chapão da porta. Disseram que, se não me comportasse, ia tirar mais dez dias. Acalmei e me liberaram. Ainda bem.

Precisei de dois dias para me recuperar, entender em que dia estava, que horas eram. Estava fraca de corpo e mente. Louca pra sair daquele lugar.

Não acreditei quando, uns meses depois, meu alvará cantou: recebi o semiaberto. Pra cumprir, fui de bonde pro Butantã. Pavilhão 4.

No semiaberto do Butantã continuei presa, como no regime fechado do Dacar. A diferença era que eu tinha as saidinhas na Páscoa, Dia das Mães, Dia dos Pais, Dia das Crianças e Natal.

Diferente do Segundinho, nas penitenciárias de São Paulo a gente não podia dormir no chão, nem usar a própria roupa. Tinha cama, uniforme. Lá, eu trabalhava na cozinha. A minha função era de servente: eu pegava a comida e distribuía nas bandejas para as presas. Almoço e janta, na escala de dia sim, dia não.

Só que eu roubava da cozinha para abastecer os barracos com açúcar, bolo, café. O café eu vendia no intervalo das refeições.

Depois de três meses no Butantã, ganhei a primeira saidinha. Era sexta-feira e eu podia passar o fim de semana na rua. Tinha direito, mas falei para a mulher da carceragem:

— Ah, moça, não sei não se eu volto.

Ela disse:

— Imagina, vai ser bom você sair...

Saí. Abriram a porta e eu estava na rodovia Raposo Tavares, longe de tudo, sem dinheiro nem para pegar um ônibus.

Esse é um dos problemas do Estado em São Paulo. A gente trabalha dentro da penitenciária e, quando sai, é sem dinheiro nenhum. O dinheiro que você ganhou porque trabalhou, só tem direito de receber na saída. Fica numa conta que abrem pra você. Quando ganha a saidinha, não tem nenhum tostão. Abrem a porta e você fica na rua sem saber o que fazer. Uma merda; não tem pra onde ir, não tem o que fazer. O que fiz? Saí e já roubei.

Andei um pouco e pedi carona para um motorista. Ele disse:

— Ahh, não dou carona para viado.

Estava eu e mais uma louca do meu lado. Fiquei puto da vida.

Logo encontrei outro motorista, parado, bebendo no carro. Cheguei logo dando pedrada, pra ele sentir a pressão. Quebrei os vidros, roubei o celular dele e um pouco mais de duzentos reais.

Com o dinheiro, desci pra Santos e fui direto para a biqueira, negociar. Olha a burra:

— Quero duas pedras por este celular.

Os caras me deram na hora, porque o celular valia muito mais.

Eu tinha três dias pra passar na rua; na segunda-feira, tinha de voltar para o presídio. Nem preciso dizer que não voltei. Montei uma nova maloca e segui na vida de sempre.

Ninguém veio atrás. Como você já tem ficha, eles deixam; qualquer hora você toma um enquadro na rua e te colocam de volta. É assim que funciona. E foi o que aconteceu.

A DROGA E O ABSURDO

Meu sexo hoje é unissex. Acho que sempre vou ter meu lado homem e meu lado mulher. Mesmo sexualmente. Até os 19 anos, sexo com homem mesmo, eu quase não fazia. Só se fosse por dinheiro, pra comprar a porcaria da droga.

Fazia programa, mas era para roubar. De volta para a rua, eu estava vestido de homem, na praça, quando um cara parou o carro e falou:

– Negão, chega aí.

E eu cheguei. Aí ele me perguntou:

– Seu pinto é grande?

– É, mano, meu pinto é grandão – respondi.

Ele me convidou para entrar no carro, pra gente se conhecer melhor. Eu disse que tinha de pagar metade adiantado, caso contrário, não ia.

– Em dinheiro – exigi.

– Tá bom.

Levei ele para o hotel Madri. Eu não gostava do que estava fazendo, mas precisava do dinheiro. Disse pra ele tomar um bom banho, pra dar uma relaxada. Foi ele entrar, tranquei o cara banheiro e saí correndo com o dinheiro.

Eu não estava bem com a Babalu. Depois de tantas idas e vindas, a nossa relação era só crise: ciúmes, briga e discussão. Ela saía com outras minas, aí eu comecei também. Deu a maior treta. Saí do barraco. Fui morar num abrigo, a Casa Aberta. Foi então que encontrei o Eduardo.

Essa é uma história muito louca, *migos*. Conheci ele num 155, roubo de loja. Entrei numa fase de roubar lojas: Marisa, Renner, Pernambucanas. Nas Pernambucanas, roubando, dei de cara com ele: bonitão, achei que era cliente. Ele viu quando escondi o bagulho; fiz um gesto pra ele não falar nada, e ele respondeu:

– Tá suave, tô roubando também.

Daí um ficou passando pano pro outro. Passar pano é não falar nada e dar um reforço, ver se ninguém tá olhando.

Saímos de lá conversando. Fui com ele buscar uma droga e daí pra frente a gente sempre se encontrava.

Com o tempo fizemos amizade e começamos a atuar na parceria. Apresentei ele pros meus clientes. Fazíamos uma boa dupla. A gente brincava, fazia tipo uma competição para ver quem roubava mais. E eu ganhava.

Pegamos carinho um pelo outro e de vez em quando ele ia comigo pra Casa Aberta. Ele não era afeminado, não tinha o perfil de bicha, mas era homossexual. A gente dormia junto na mesma cama. Era uma amizade de irmão.

– Você é bicha e eu sou sapatão – eu falava e dava risada.
– Dá pra mim, mano – eu ficava insistindo.

– Para com isso, Xakila.

Em dupla, a gente roubava o supermercado Extra, a farmácia 24 horas. Eu entrava sem nada na mão, só na voz grossa e gritava:

– Caralho, é um assalto!

Eu ficava no comando, ele pegava as coisas.
— Vai, Eduardo, pega logo! — eu pressionava. A gente se chamava pelo nome mesmo, não tinha essa de ficar se escondendo, que nem filme.

Um dia, saímos de madrugada, chovendo, loucos para fumar. Só que a rua estava vazia, não tinha nem quem roubar. Enquanto a gente voltava pra Casa Aberta, no caminho vimos uma cena. Um tiozinho passava de bicicleta, quando dois psico grudaram nele, mandaram descer, deram uns tapas, pegaram a bicicleta e o veinho ficou no chão. Era um ambulante que vendia bilhete de lotérica, Tele Sena, Mega-Sena, essas coisas. Em volta do tiozinho caído tinha um monte dos papéis de jogo espalhados no chão.

Cheguei perto, falei:
— Oi, tiooo, tá tudo bem?

Ajudei o tiozinho. Quando recolhia as coisas dele no chão, vi que tinha um pacotinho de dinheiro. Lógico, peguei. Eram 2.200 reais! Você acredita? Os caras tinham levado um monte de coisas, carteira, a bicicleta... Mas o dinheiro maior ficou para trás e acabou na minha mão. Dois mil e duzentos reais! Acho que nunca tinha visto tanto dinheiro.

Falei:
— Du, vamos pro hotel que hoje eu vou te comer!

E a gente foi. Brincamos que era programa: dei quinhentos reais pra ele dar pra mim e depois ia ser minha vez.
— Mas eu nunca transei com uma mulher! — ele disse.
— Não tem problema! — respondi. — Hoje nós vamos fazer só de brincadeira!

Fumamos, a brincadeira começou, a gente acabou se envolvendo, fizemos lá a palhaçada. E eu engravidei.

O Eduardo era de boa família, inteligente, técnico de enfermagem. Ele usava pedra escondido, sem a família saber. Como quase todo mundo, roubava pra poder se drogar. Mas a pedra caminha rápido, e logo ele chegou num ponto que não dava mais pra esconder. Andava pela rua drogadão. A mãe não queria mais ele em casa desse jeito. Foi então que o Eduardo veio morar comigo na Casa Aberta.

Por um tempo, acabou dando certo. A gente viveu junto um ano e pouco, dois anos. Ele era meu companheiro. Não sei o que ele viu em mim, mas só sei que me amava. E pra mim ele era "meu tudo". Eu era louca por ele e ele por mim. Amor, paixão, tudo junto... Agora eu estava grávida e tínhamos o amor pra criar uma família. Só que a dependência da droga tava tão avançada, tão ruim, tão horrível, que a gente não tinha condição de cumprir aquele compromisso. A gente não comia, não tomava banho. Era só droga, droga e mais droga. Os dois cada dia mais fracos.

Eu tinha muita náusea, por causa da gravidez: enjoava e chorava. No desespero da droga, cheguei a falar:

– Pelo amor de Deus, alguém tira isso de mim!

Não sentia amor nem por mim mesma, não tinha a menor autoestima. Nem entendo como a criança resistiu e a gravidez chegou até o fim. Eu vivia drogada, dormia na rua, cheguei a ficar presa mais uma vez, apanhei no barrigão, passei noites e noites sem dormir.

– Não tem condições – eu dizia para o Eduardo. – Como é que eu vou criar essa criança na rua? Como é que eu vou criar alguém se não dou nem conta de mim?

Hoje me arrependo, mas, naquela época, sem comer, só na droga e na fissura, dá para entender o absurdo.

A rua estava vazia, era madrugada e nós estávamos fumando pedra quando a bolsa estourou. A dor do parto vinha, eu dava uma paulada na pedra e ficava ainda mais maluca; andava um pouco pra lá e pra cá e a dor parava. Era um alívio.

Como Eduardo era técnico de enfermagem, resolvemos tudo ali mesmo. Ele esticou um papelão em cima da calçada, eu deitei com as pernas abertas e ele ajudou o bebê a sair. Tirou a camiseta e com ela limpou o sangue da criança. Demorou um tempo até passar o primeiro carro. Eduardo pediu ajuda e fomos os três para o Hospital Silvério Fontes. Era não sei que dia nem que mês.

Chegando lá, Eduardo esperou do lado de fora. Não sei quem levou a criança para dentro do hospital. Entrei, loucona, alucinada. Não quis dispensar a droga; escondi a pedra no meu peito, enfiada no top: era ela que estava tirando a dor e a minha consciência.

Levaram a menininha pra fazer os testes, pra ver como estava de saúde. Fiquei na cama. Só tinha uma coisa na cabeça: queria ir embora dali. O dia já tinha amanhecido; tomei banho, troquei de roupa, fumei a pedra no banheiro do hospital, arranquei a pulseira de identificação que tinham colocado na entrada e pulei a janela. Saí pelos fundos, ninguém viu. O Eduardo continuava ali fora me esperando; a gente se olhou, nem se falou e se mandou.

Fugi, desesperada, sem pensar. Não quis nem ver a cara do meu bebê. Pra quê? Pra ter mais uma tristeza gravada nas minhas lembranças? Não, fugi. Fugi do bebê, fugi de ser mãe, fugi de ter uma família, fugi de um sonho que iria virar mais um pesadelo. Deixei a menina no hospital sem nem ter segurado ela uma vez nos meus braços.

Claro que eu queria minha filha. Mas a verdade é que para mim esse era um sonho impossível. Tinha medo: na maternidade fazem perguntas, querem saber onde você mora, como você vai criar a filha, se você tem casa, se tem renda. Como eu sabia as respostas, também sabia que ela nunca seria minha. Ela seria, como eu também fui, filha do Estado e da Assistência Social.

Na época não fiquei sabendo pra onde ela foi. Depois alguém me falou que ela foi adotada e que não deu tempo de a família do Eduardo impedir a adoção. Sei que não assinei nenhum papel.

No fim eu repetia a minha história na dela. Será que aconteceu a mesma coisa com a minha mãe? Por que será que a minha mãe me deixou? Eu não sei, e a Dandara, como eu a chamo, também não vai saber.

Por que eu te abandonei? Não sei. Foi uma mistura de loucura com necessidade. Acho que esse dia no hospital foi o mais triste da minha vida.

De mim, ninguém foi atrás; o importante para eles era a criança, e não a mãe. Como se uma pudesse existir em paz sem a outra.

Hoje eu me arrependo. Sinto culpa, remorso, arrependimento, tudo. Não devia ter abandonado a minha Dandara. Acho que ela era linda. Dandara, como Dandara dos Palmares, a guerreira negra, é assim que gosto de imaginar a minha filha. Dandara, só Dandara, é com esse nome que ela ficou batizada no meu coração.

Tem dias em que penso que ela tem uma família, tem amor e uma vida boa. E, se isso aconteceu, talvez tenha sido a melhor opção.

Todos os dias penso nela, todos os dias me arrependo, mas também acho que fiz o melhor a ser feito. Qual teria sido o futuro dela ao meu lado?

Falando a real, não havia futuro nem para mim.

MÃE

Depois que a Dandara nasceu, voltei pra rua, cada vez mais malcuidada e drogada. Comprava droga com um dinheiro que eu não tinha e não sabia como ia pagar.

Eduardo e eu continuamos juntos; voltei a roubar, sempre ao lado dele. Ele continuou comigo. Não falou da filha, não reclamou. Não sei quem estava mais louco nessa história. Vida que segue. A gente mais se drogava que namorava, mas, às vezes, acontecia. A carne é fraca. Mesmo ele sendo gay, ou talvez exatamente por isso, a gente se curtia. E adivinha. Engravidei de novo. Só que dessa vez eu já carregava todo aquele remorso dentro de mim. Eu sentia alguma coisa de mãe que não sei explicar. Diminuí a droga. Estava com muita vontade de ser mãe.

O Eduardo, deprimido, ainda não estava preparado. Os dias passavam e ele não fazia nada. Eu segurava a barra sozinha pra poder sobreviver. Às vezes, dormindo naquele calor na maloca, passava a perua da prefeitura, só pra me ameaçar. Falavam pra eu sair logo da rua, porque quando o bebê nascesse, iam voltar para pegá-lo.

Falei pro Eduardo que a gente precisava de um lugar pra se proteger. E que devíamos pedir ajuda aos pais dele. O pai e a mãe do Eduardo eram legais, ajudariam. Acordei um dia decidida. Aquele outro filho eu ia criar.

– Com ou sem a tua ajuda, vou mudar de vida e esse filho vou guardar – eu disse.

Ele era cabeça-dura, brigamos. A gente tinha acabado de acordar, mas ele já tava bebendo. O sangue subiu, peguei a garrafa de álcool da mão dele, derramei em cima do corpo dele e risquei o Bic. Queria tocar fogo nele. Graças a Deus, o isqueiro não pegou. E acalmei a minha raiva.

Nesse momento entendi que eu e o Eduardo tínhamos uma relação destrutiva. Eu entregava dinheiro para buscar comida, ele voltava dizendo que tinha perdido. Comecei a me cansar. Quando entrei no nono mês, larguei mão. Desisti dele, ia tocar a minha vida. Sabia que morando na maloca eu ia perder minha filha. Peguei minha trouxa e fui procurar vaga num abrigo.

Na porta, pedi pelo amor de Deus que me ajudassem, porque não queria perder minha filha. Disse que estava desesperada. Eles me acolheram. Não acreditei. Joguei fora a droga que estava na minha mão.

Essa minha filha não nasceu na rua. Nasceu no mesmo hospital que o Gabriel, e onde eu tinha abandonado meu segundo bebê. Maria Eduarda nasceu linda e com saúde. Maria Eduarda: escolhi um nome com um pouco de santa e um pouco do pai.

Continuei morando no abrigo por alguns meses, passeava com ela na rua. Às vezes encontrava o avô, pai do Eduardo. Seu Luiz Carlos sabia da primeira criança e agora da segunda menina. Aposentado como estivador do cais do Porto de Santos, que eu me lembre, tinha a casa mais bonita do bairro.

Além da casa grande, tinha outros filhos, uma mulher, dona Olinda, e uma família.

O Eduardo não convivia muito com os irmãos. Mesmo eu separada do filho dele, seu Luiz Carlos se aproximou. Dava conselhos e queria saber como ia a neta. Ele e dona Olinda, mãe do Eduardo, eram pessoas muito carinhosas. Me ajudaram até demais. Fui algumas vezes à casa deles. Ajudava dona Olinda a cozinhar. Às vezes fazia bagunça, mas eles ficavam felizes. Disseram que eu poderia morar lá com a bebê e o Eduardo.

Adoravam a Duda. Comecei a achar que lá tinha tudo o que uma criança merece. Só não me via ali dentro, com eles. Quem não merecia era eu. Estava de novo querendo a droga, a fissura tinha voltado a me infernizar. Então fiz aquilo que nunca deveria ter feito. Pedi cinquenta reais pro seu Luiz Carlos, disse que ia no mercado e já voltava. Mas já tinha outras intenções. Saí de lá às duas horas da tarde. Às dez da noite, já tinha fumado tudo em pedra. E queria mais.

Entrei na farmácia para roubar. Fui pega em flagrante. Sentenciada a dois anos, dessa vez fui para a cadeia de São Vicente, menor e pior que o Segundinho. Só pensava em quanta coisa errada eu fiz. Mas, na época, não conseguia resistir. É a luta de todo viciado, ainda mais quando se trata de crack. Quando saí da cadeia de São Vicente, alguns meses depois, nem pensei em voltar para a Maria Eduarda. Ao contrário, fazia de tudo pra não correr o risco de encontrar com ela e os avós. A vontade de voltar para ela era grande, mas a vergonha era muito maior.

Escrever este livro é difícil, porque tenho que lembrar e sentir tudo de novo como se fosse hoje. Mas também é uma oportunidade. Só há perdão quando encaramos a verdade.

Quero que um dia os meus filhos possam ler isto. Assim eles vão saber e poderão entender. Posso dizer por experiência própria que, por mais difícil que seja a realidade, não há nada pior do que não conhecer a sua história.

Ao repassar minha vida, cada escolha que fui levada a fazer e as coisas que não consegui superar, consigo a força de que preciso para tentar de novo, de um jeito diferente. Hoje tenho muita força de vontade e tenho consciência. Ainda tenho medo. Será que vou dar conta de tudo que vem pela frente? Mas estou determinada a recompensar as tristezas que causei e seguir a minha nova vida.

Para isso, primeiro eu tinha de cuidar de mim, de maneira a não decepcionar a mim mesma. Não quero mais errar, não quero fazer de qualquer jeito. Tenho de ter paciência. Mas faço questão que meus filhos saibam de tudo, pra não ficarem igual a mim, na escuridão. Tudo o que faço hoje é por eles e por mim.

E vejo a luz no fim do túnel, muito por causa do meu esforço e pelo fato de ter pessoas que me ajudaram. A vida nos deu uma nova chance: um milagre depois de tanta tragédia. É assim que penso.

TREMEMBEZÃO

Por conta da droga, essa consciência só foi surgindo em mim aos poucos. Por bastante tempo, ainda continuei a roubar.

Um dia me encontraram, e em 2014 lá fui eu pra Tremembé. Dessa vez era cadeia de segurança máxima. Dos meus quase nove anos de prisão, no total, foi onde fiquei mais tempo.

O presídio de Tremembé é um três em um. De um lado tem o edifício do presídio feminino, que é o Tremembé 1; do outro, o masculino, Tremembé 2. A Fundação Casa, ex--Febem, fica na frente. Em volta é tudo mato.

Os dois presídios para adultos são separados só pelo alambrado. Dava pra ver os homens de longe, mas não havia nenhum contato. No primeiro andar ficava o escritório da polícia. O segundo andar era o Seguro, onde ficavam as minas que não podem se misturar com as outras porque cometeram crime que ninguém perdoa.

Tremembezão, entrei, foi sucesso. Sapatão na cadeia é que nem homem chegando onde não tem. As minas falam: "Ahhh, a tampa da minha panela chegou, uhu!". Teve até briga para ficar comigo.

Sempre tive essa facilidade com mulher. Na penitenciária do Tremembé, me liguei numa mais difícil, bonitona, que morava na ala VIP. As celas VIP são aquelas bem-equipadas, têm cama com almofada, cortina, TV, bebedouro, celular escondido. Cela de luxo. A dela era equipada com o dinheiro do pai.

Eu falava para a Picos, nome de guerra da Soraia, que eu já conhecia de outra caminhada:

— Que menina bonita! Maior rabão, mulherão. Ah, se eu pego!

Encostava e a mina falava:

— Olha, desculpa, mas eu não gosto de sapatão.

Eu pedia desculpas e tudo bem. Ouvia aquilo, mas aprendi cedo a identificar quando tem abertura. A gente tem de ver os sinais. E disso eu entendia.

Uma vez, por exemplo, fui conhecer um *pet shop*, de carro, de carona com uma mina que tinha uma tatuagem de borboleta no pescoço. Foi ela que me ensinou da borboleta. Contou que tinha uma mulher e que borboleta era um símbolo do lesbianismo. Quem não conhece, não sabe que aquilo tem um significado. Pensa: "Aí, que bonitinho". Mas toda mulher que tem uma borboleta gosta do babado.

Às vezes acho que não existe mulher que não gosta de mulher, só existe mulher mal cantada. Se falou que não gosta é porque já é.

Aí eu puxava papo com a bonitona:

— E o seu marido?

— Meu marido morreu.

— Putz, que pena, né?

A gente ficava trocando ideia, eu apertava uma maconha para ela, fumava junto. A coisa foi indo... Ela sempre falando que não gostava e tal... No fim, peguei a gostosona.

Até então eu tinha um lance com outra companheira, mais pobrinha, pé de chinelo. Ciumenta, não queria me ver com outra. E eu, a louca, falava:

– Ninguém é de ninguém.

No Tremembé, diversão não faltava. Dava para escolher mulher de todos os estilos, raças, cor. Era só chegar.

Eu fazia um sucesso do caralho. Existem as sapatões afeminadas, que querem ser masculinas, mas não conseguem. Tem as que parecem masculinas, mas abrem a boca e a voz é tão fina que parecem uma baratinha. E tem o meu tipo. Sapatão que parece menino. Esse é o que a mulherada mais gosta. Quando a gente chega na inclusão, já tem mulher passando pra te ver. E eu adoro ficar com um monte de mulheres.

Sábado era dia da rave. A gente fazia a nossa matinezinha. Fechava um barraco, pendurando uma cortina na frente da grade. As meninas avisavam:

– Todo mundo de calcinha e sutiã, bem à vontade, aqui é tudo mulher, ninguém precisa ter vergonha.

E a gente ficava só dentro do barraco, assim a polícia não via. Eu deixava uma maria-louca já curtida e cobrava um maço de cigarro de entrada.

No Tremembé tinha festa, mas também tinha confusão. Como no caso da Suzane von Richthofen, aquela que matou a mãe e o pai. Quando ela chegou na cadeia, a gente logo perguntou o que tinha arrumado, mas ela não falou. Loirinha, com cara de família, ninguém nem desconfiou.

Só que lá tinha um telão e o caso dela passou na TV. O repórter contou todos os detalhes, que ela tinha dado paulada nos pais, junto com o namorado. Aí subiu aquele sentimento de revolta na cadeia. Primeiro, porque ela tinha escondido a fita da gente. Depois, porque o que ela fez era bruto demais e sem necessidade. Quando alguém estupra criança, ou mata pai e mãe, a galera não perdoa.

Grudamos a Strófoni – era como a gente a chamava. Quando a polícia chegou, ela já estava no chão. Entraram atirando para cima e a levaram embora dali. Não era a primeira vez que ela tinha recebido aquele tipo de recepção. Depois a gente soube que em outras prisões ela também tinha sido hostilizada.

Para mim, Tremembé era suave, e logo ganhei o semiaberto. Como tudo na minha vida, porém, logo perdi o benefício, voltando para o regime fechado. O motivo era sempre besta. Daquela vez, discuti com uma mulher que falou que eu era pilantra, que tinha dado umas pauladas na filha dela, na rua, e que eu ia ser cobrada.

Respondi que bateria na filha dela de novo porque era uma safada. Eu dava dinheiro para ela fazer corre pra mim, ela metia o louco e não voltava. Foi aquele bate-boca que virou encrenca.

– Se ficar tumultuando muito, vai pro fechado, entendeu? – falou para mim uma carcereira.

– Demorou! – retruquei. – Pode me colocar no fechado, até porque se eu sair nesse semiaberto, dou problema; não vou voltar.

Quando estou irritado, falo qualquer merda. E ainda virei uns baldes com roupa de molho no chão. Eu sabia bem como funcionava. Advertência causa perda. Na primeira advertência, você ficava sem ligação para a família e perdia a visita. Mas eu falava para a carcereira:

– Perda, para mim, é perda de tempo, porque eu já não tenho família nem visita.

Com três advertências, perdia todos os benefícios. Tumultuei tanto que me mandaram de volta pro fechado. Perdi também a minha vaga de trabalho; fiquei noventa dias parado. Tive de entrar no banco de espera até abrir uma vaga de novo.

No fechado do Tremembé só tinha gente que não volta e é recapturada, ou que não chega no horário. Se tivesse juízo e tivesse me comportado, eu teria ficado seis meses no Tremembé; no final, fiquei dois anos.

Sem trabalho, eu fazia meus corres. Lavava a louça, que ninguém queria lavar. Com a Picos, lavava cobertor das meninas cheias de frescura. Vendia almofada e pano de prato para elas darem de presente para as visitas. Era o ambulante, o faz-tudo, pra variar. Sempre circulava no meio de todo mundo para bater papo, fumar e ter acesso. Acesso e informação é tudo. No fim, eu ganhava mais nesses corres do que se estivesse trabalhando.

No fundo, não me interessava tanto a remissão de pena, que você ganha quando trabalha, porque eu não tinha ninguém me esperando.

Apesar das confusões, no dia a dia eu me dava bem com todo mundo. Tenho um coração rebelde, mas não maldoso. Só aprendi a lidar com a maldade para poder sobreviver, porém não tenho frieza. Muito do que já fiz na vida foi porque ou fazia, ou morria.

E assim atravessei o Tremembé. Foi minha última prisão. Em 2017, pena cumprida, eu estava livre. Mas aí chegava a hora da verdade: livre pra quê?

LIBERDADE

No Tremembé, eles cantavam o alvará até meio-dia; comunicam a saída e você tem uma hora para tomar banho e se despedir. À uma hora da tarde, tem que estar lá na frente. Apesar de dizer que eles cantam o alvará, a expressão devia ser outra, porque quem canta são as prisioneiras. Cantam, gritam, batem os pés, batem nas grades. Um jeito de comemorar a tão esperada liberdade, que é também um momento de muito estresse, porque quase ninguém sabe bem o que vai fazer com ela.

– Uhuuu! – falei. – Nunca mais vou viver este inferno.

Saí do convívio, mas fiquei esperando mais cinco horas até ser liberado. Eram seis da tarde, quase noite, quando a porta foi aberta para mim.

Recebi um papel que dá direito à passagem de ônibus de graça, pra você pegar na rodoviária – no Tremembé todo preso ganha isso, porque ninguém está preso ao lado de casa. Com esse papel na mão, a gente pode escolher passagem pra cidade que quiser. Só que tem um detalhe: como é que uma presa sem dinheiro faz pra chegar até a rodoviária?

O Brasil é o país da metade. Tudo é nas coxas, nada é feito pra funcionar. A gente tem um Estado que não pensa. Você trabalha durante anos presa e sai de lá sem nenhum tostão. O dia em que o dinheiro chegar na tua mão, você já morreu de fome. O preso tem que pagar uma multa por causa do que custou a vida dele na prisão. Além disso, mesmo tendo pago a pena, você nunca deixa de ter a ficha suja. Por lei, você sai da prisão zerado, mas é só pegar na internet os antecedentes criminais. Dessa maneira, você está na rua, sem dinheiro, com dívida e sem condição de arrumar emprego. Diz aí como isso pode acabar bem?

Somando todas as minhas sentenças, eu passei oito anos, sete meses e 58 dias na cadeia. Imagina o tamanho da minha multa. Tinha que pagar pela prisão como se tivesse passado aquele tempo num hotel. E não tinha nem como me sustentar.

Quando eu soube dessa palhaçada, não aguentei. Falei na cara do juiz:

– Filhooo, nuuuunca que eu vou pagar isso.

– Mas roubar você sabe, né? – o juiz falou. E bateu bem forte aquele martelo.

No dia em que saí de Tremembé, não tinha dinheiro nem para chegar à rodoviária do Tietê, em São Paulo, e usar o passe que eles davam. Felizmente, a família de outro preso me ofereceu carona. Parecia um bom sinal. O Cara Lá de Cima tinha me enviado um anjo, né, mano?

Entrei na rodoviária e pedi uma passagem pra Santos. Mais canseira. O atendente chamou alguém, que chamou outra pessoa, que chamou a assistente social e, ufa, finalmente carimbaram o meu papel e entregaram a passagem na minha mão.

Cheguei em Santos às 11 da noite. Sem dinheiro, sem casa, sem família, com fome e morta de cansaço. Fui andando até perto do mercadão, catando plástico e corda pra construir a minha maloca.

Dessa vez minha maloca era amarelinha. Isso lembro porque tenho uma foto dela. As outras não sei dizer; muita coisa na minha mente se apagou. Quem me mostrou essa foto foi a Flavia, a professora do Segundinho.

Eu estava na rua havia menos de um mês quando ela apareceu de novo na minha vida. Depois do Segundinho, tinha até esquecido dela.

Eu havia acabado de acordar, quando uma moça magra de cabelo curto foi chegando perto e perguntou:

– Você é Adriana?

Eu já fiz minha pose de invocada. "O que será isso logo cedo?", pensei. "Será que é alguém que eu roubei?"

– Adriana, olha aqui, eu tenho uma carta pra você.

Parecia piada. Quem ia me escrever uma carta? A mulher devia estar enganada. E eu, atrapalhada e drogadona, já estava sem paciência.

Ela insistiu:

– Adriana, quem te escreveu essa carta foi a Flavia, a professora da cadeia de Santos. Lembra dela?

– Não conheço ninguém, senhora. E também não tô na fita de falar com ninguém.

Voltei para dentro da maloca e fumei. Saí, e a mulher estava lá, no mesmo lugar.

– A professora Flavia escreveu um livro e você é uma das personagens – disse. – Ela me mandou aqui pra saber como você está, quer te encontrar.

Achei aquilo tudo muito estranho: uma pessoa querendo saber de mim? Peguei a tal carta da mão dela e li. Minha memória foi voltando e plac, tudo ainda estava lá.

A moça chamava Cláudia; era jornalista. Explicou que a Flavia queria reencontrar as personagens do livro, as que ficaram mais próximas dela na cadeia, e fazer um documentário. Um documentário bonito, mostrando que as presas eram como todas as mulheres: mães, filhas, pessoas. Eu era só mesmo pessoa.

Enquanto a gente conversava, umas meninas atrás de nós tretavam. Fui ver o que era: estavam querendo roubar a Cláudia. Falei:

– Não, ela está comigo, é minha amiga.

Começaram a discutir entre elas, uma puxou uma faca e atacou a outra. Corri até a Cláudia e disse:

– Sai daqui. Vai embora, moça.

A Cláudia ficou assustada, mas não desistiu. Disse que voltaria outro dia, com a equipe, para filmar o nosso encontro, se eu quisesse. Topei.

Combinamos tudo por telefone. Antes da filmagem, ela veio conversar comigo. Eu tinha pedido para ser de manhã, quando eu sempre estava menos drogada. No caminho, nervosa e ansiosa, não aguentei: parei para fumar. Cheguei ao local da gravação loucaça.

A Cláudia conversou comigo, me acalmou, passou confiança. Gostei do jeito dela desde o começo. Entramos numa ruazinha no centro antigo de Santos, sem ninguém, fechado para a filmagem.

Lá estava a filmadora, microfone gigante, luz e um monte de gente. Me perguntaram coisas, fui falando. De repente, vi uma pessoa vindo de longe. Meu Deus, era a Flavia. Fiquei passada. Corri, dei um abraço forte nela e chorei.

PRECISAR NÃO É QUERER

Assim a vida, até que enfim, me deu uma oportunidade. Entrei no mundo do cinema, de pessoas que se tratavam com cuidado, que estavam juntas, correndo atrás de um mesmo objetivo. E esse objetivo interessava pra mim também.

Foram vários dias de filmagem. Encontrei diversas amigas, gente que estava presa comigo no Segundinho: Mel, Pérola, Charlene e Dani. Fiquei feliz, porque as outras amigas do passado ficavam sempre no passado ou iam para baixo da terra.

Até esse dia eu pensava que o meu destino era ficar sozinha; pra mim, nunca sobrava ninguém. Juntas novamente, a gente não parava de conversar, lembrar cada coisa que tínhamos vivido. Eu e a Mel nos abraçávamos, rindo à toa, só pelo fato de estarmos vivas.

Aos poucos, foi batendo aquela nova consciência. Doze anos depois do Segundinho, todas melhoraram um pouco de vida. Eu era a única daquele grupo que havia voltado pro mesmo lugar: a rua, o crack, a vida louca. Pensava que aquilo tinha uma ótima explicação. Todas tinham família e eu não tinha ninguém.

Agora, porém, eu tinha uma pessoa que nem depois de tantos anos me esqueceu. Mais do que isso, a Flavia ainda se importava comigo. Uma coisa na minha vida estava diferente. Aí, de repente, me veio uma força e uma vontade louca de mudar.

Eu e Flavia nos encontrávamos, trocávamos cartas, falávamos ao telefone – eu sempre dava um jeito de pegar um celular emprestado. A gente conversava de tudo, não tinha essa de "ah, isso aqui não pode falar". E ela sempre me provocava a falar sobre o futuro. Dizia que eu era muito inteligente e perguntava o que eu queria fazer.

Eu a lembrava da minha personalidade muito forte, acostumada com adrenalina, com liberdade. Cumprir regra não é pra mim, sou eu quem dita as regras: as coisas têm de ser do meu jeito. Até na prisão, eu só obedecia quando tinha de escolher entre a disciplina e a dor, ou entre a disciplina e a morte.

Mudar era difícil. Por mais estranho que pareça, eu estava numa zona de conforto. A maloca era onde eu mais me sentia bem, era o lugar que eu dominava. Não pagava aluguel, porque a rua é de ninguém. Conhecia o pedaço, tinha minhas referências, minha droga, meus trabalhos. A vida era prática: tomava banho no chuveiro público do lado, sabia como abastecer a minha maloca, pegava as comidas que sobravam do mercadão e, quando estava com vontade de comer substância, pagava um real pra almoçar no Bom Prato, que era ali também.

O mundo era pequeno. Eu conhecia todo mundo e todo mundo me conhecia. Às vezes passava alguém doando comida na rua, eu pegava para mim, mas também pegava pros outros. Sempre fui uma pessoa solidária. Mesmo não tendo muito o que dividir, eu dividia. Até com droga eu era assim: tinha que ter mais droga, além da minha, porque havia sempre alguém ao lado e eu não sabia dizer não.

Tem uma grande diferença entre precisar e querer. Sair dessa situação de rua é para quem quer, não para quem precisa. Eu sabia que precisava, mas ainda não queria.

Já estava perto do Natal, faltavam umas filmagens do documentário pra fazer em São Paulo. Um dia acordei me achando decidido e falei:

– Flavia, eu quero, eu aceito a sua ajuda. Quero largar as drogas, quero sair da rua, quero experimentar essa vida de zé-povinho. Não sei se vou conseguir, mas quero essa oportunidade.

Eu sabia que o próximo passo era a clínica de recuperação. Tinha medo, porque ouvia falar que não funcionava, que era só sofrimento e parecia com cadeia. Você fica trancado, isolado, longe de tudo o que conhece; não tem liberdade, e o tempo não passa. Quando eu pensava em tudo isso, dava pra trás. Flavia chegou a mandar alguém me buscar num dia para me levar à clínica e eu não fui. De verdade, eu estava perdido.

Fui ficando cada vez pior de saúde e cansada. Um dia, a polícia passou e destruiu a minha maloca. Levaram tudo: o plástico, o pau, o colchão e o meu cobertor. Encontrei um pedaço de papelão e deixei lá, onde antes ficava a maloca. Saí caminhando pelo bairro, tomei coragem e fiz um pedido a Deus: uma família. Mais nada. Quando voltei pro lugar da minha maloca, a família não estava lá, lógico. Nem mesmo o papelão.

Pessoas sozinhas têm muito tempo pra pensar. Comecei a pensar: "Xakila, o que você quer fazer com a tua vida?".

Um dia, acabado de tanta droga, pensei: "Vou fazer que nem nos abrigos, vou pra dar um tempo, engordar e voltar pra vida louca". No outro dia, pensei: "Pera, vou me esforçar, tenho a oportunidade e estou com vontade de experimentar".

Cada dia era um flash diferente.

Desde o início das filmagens, Flavia tinha alugado um quartinho pra eu morar em Santos. Sair da rua já mudou um pouco a minha vida. Eu não precisava mais fugir do sol, do frio, dos perigos, como os desavisados e a polícia. Ficava deitado na minha cama, com meu urso gigante de pelúcia.

No quartinho, eu ainda não tinha família, mas tinha companhia. E estava ganhando meu troquinho com corres que não eram contra a lei. Havia um banheiro e uma lavanderia comuns e eu lavava roupa pros vizinhos, lavava o quintal do hotelzinho e cuidava do meu vizinho de quarto, um senhorzinho que ficava numa cadeira de rodas.

Cada dia em que eu falava com a Flavia, pensava mais: "Se tinha força pra bater de frente com qualquer um, por que não tentar mudar? Pensar no futuro é agir agora". Então resolvi: "É agora que eu vou tentar sair de uma vez por todas dessa vida".

– Flavia, arruma a clínica. Eu vou.

A LUTA

Flavia é uma pessoa carinhosa, nunca ninguém me tratou como ela. Como ela me chamava de Xal, passei a usar esse nome, que me fazia bem. Até hoje não vi maldade nela. É uma pessoa que faz coisas sem outros interesses. Gosta de ajudar. Montou uma ONG, a Casa Flores, pra apoiar as mulheres que saem da prisão e seus filhos, de maneira a terem um futuro melhor.

Ela montou a ONG e contratou uma moça, também ex-presidiária, a Karine, pra prestar alguns serviços. Por meio da Karine, Flavia conseguiu vaga em uma clínica em Santana de Parnaíba, chamada Resgatando Vida, da pastora Adriana e do pastor Marcos. Foi que nem quando canta alvará: a notícia chegou do dia pra noite. A Flavia não podia ir comigo pessoalmente e pediu que a Karine me acompanhasse.

Era julho de 2018, uma sexta-feira, bem num dia em que eu estava péssima. Por causa da ansiedade, eu tinha aumentado o consumo de droga. Perdia cada vez mais o controle. Karine chegou com uma amiga.

Na hora, fiquei apavorada. Cheia de droga na cabeça, travei. Disse pra ela que não tinha condições de ir pra lugar algum. Karine teve a maior paciência e combinamos de ir no dia seguinte. Ligaram para a clínica, para segurar a vaga.

Quando o dia amanheceu, acabei indo, sem pensar. Ainda estava muito louca, mas já sem forças pra mais nada, incluindo desistir. Há três ou quatro dias sem dormir, ao menos lá eu ia descansar. Mas fui também por causa da Flavia, da Karine e do pessoal da filmagem, que se importavam comigo.

Chegamos. A clínica em Santana de Parnaíba era dentro de um sítio. Na hora de entrar, pensei: "Vou tentar dar orgulho para alguém ou para mim mesmo".

A pastora passou as regras. Eu estava alucinada: falava "tá bom, tá bom", mas só queria dormir. Eles entenderam que eu estava sem condições e me deixaram à vontade. Dormi um dia inteiro e mais uma noite.

Na clínica havia um quarto só, com beliches para todo mundo. Onze meninas se tratavam contra droga. Quando acordei do sono profundo, vi aquele monte de camas e pensei: "Meu Deus, onde vim parar?".

Gritei:

– Moça, moça!

– Moça não, pastora! – ela disse.

– Que pastora, o quê? Não quero ficar aqui não, preciso ir embora.

Armei a maior confusão.

As minas que também estavam se tratando queriam ajudar. Perguntavam coisas a meu respeito e eu ficava brava; dizia que minha vida não interessava a ninguém. E elas respondiam:

– Xal, você não tem mais jeito não.

A pastora me explicou mais uma vez como a casa funcionava. Tinha que rezar várias vezes durante o dia. Era muita reza. Lutei contra o espírito, a alma e a carne. Reclamava.

Todo dia eu reclamava. Sofri muito, passei mal, tive febre, vomitei, chutei porta. A ajuda, retribuí com rebeldia. Estava enlouquecida e ainda vinha o pior: lá não podia fumar nada.

Nessa clínica, a recuperação era evangélica: não havia médico, exame e medicação. A gente tinha que acordar às seis da manhã para fazer o estudo da Bíblia, antes de tomar café. Chegava no refeitório, tinha uma oração. Aquilo, para mim, já estava virando deboche. Parei de participar. Acordava e já debochava:

– Aí, gente, bom dia e amém.

O processo de desintoxicação foi difícil. Eu passava mal, tinha dor de barriga, enjoo. Não dormia, ficava agitada, agressiva... Para mim nada estava bom. A abstinência dá um efeito parecido com o da droga, de aumento da realidade, só que sem a sensação de anestesia. Fazia muito tempo que eu não ficava tão consciente. E estar consciente era muito estranho.

As internas me chamavam:
– Vem fazer alguma coisa.

E eu respondia:
–– Não quero, não tô a fim.

Olha, confesso: eu era, de longe, a pior ali dentro. A pastora era paciente, dizia para as outras não mexerem comigo, que eu ia me acostumar. Sabe o que eu fazia? Dormia. A maior parte do tempo.

Como eu estava surtada, eles me davam remédio pra dormir – esse podia. Quando passava o efeito do Diazepam e eu acordava, não queria nem que falassem comigo.

A pastora tinha razão: aos poucos, fui me adaptando. Comecei a ficar mais tempo acordada, a me alimentar. Ajudava na cozinha, fazia pão e conversava com os psicólogos. Uma semana depois, quando tive direito ao primeiro telefonema da Flavia, fiquei muito feliz. Eu já tinha bons sentimentos, ganhava outra consciência, começava a enxergar que existia outra vida. Tudo isso me fez continuar.

Vivia um dia de cada vez. A história da religião, eu achava bem exagerada, mas de tanto eles falarem, alguma coisa acabou servindo pra mim. De repente, parei de me sentir tão só. Entrei em contato com Deus.

Antes eu pensava que clínica de reabilitação não adiantava. Hoje sei que o problema não está na clínica. A questão é a gente, somos nós. Não importa o lugar. Importa você. Se você colocar na cabeça "eu quero", você vai. Fui para lá sem o "eu quero" dentro de mim. Fui mais pelo "eu preciso". Minha primeira ideia era me alimentar, descansar, ganhar saúde, depois meter o louco e ir embora. No momento em que entrei em contato com Deus, disse à pastora:

– Eu quero. Quero mudar.

Acho que é como Deus trabalha: faz a gente criar nossos caminhos. Se eu quisesse mesmo ir embora, iria. Fugi da cadeia três vezes, não era um portãozinho que me segurava. Dessa vez, porém, a tranca estava na minha cabeça. Eu dizia que só não ia embora porque a clínica ficava longe, lá onde Judas perdeu as botas. Como é que vou pedir carona, como é que eu vou chegar a algum lugar? Coloquei na minha cabeça que a responsabilidade de me tirar dali seria de quem me levou. Assim como elas me trouxeram, tinham que me levar de volta. Então a cada semana eu esperava a visita. Às vezes vinha a Flavia; depois ela viajou e aí quem vinha era só a Karine.

Toda semana era o mesmo filme: eu querendo ir embora e elas me convencendo a ficar só mais uma semana. No telefone com a Flavia era o mesmo debate. No fim, eu cedia. E assim ia.

Eu já estava bem melhor e comecei a observar as pessoas e as coisas que estavam acontecendo. O tempo não passava, porque, além das orações, tinha só a laborterapia – o trabalho de limpeza e a horta. Eu gostava de mexer no quintal, de ficar perto das plantas e vê-las crescendo. Às vezes, levava uma das meninas comigo e aproveitava pra namorar. Eu precisava desse espaço.

Havia uns jardineiros que cuidavam da horta de vez em quando. Eles fumavam, eu fazia as minas ficarem rebolando e eles davam uns cigarrinhos para nós, escondido.

Um dia, alguém levou uma cachorrinha de doação. Fiquei louca, implorei ao pastor para ela ficar. E ele aceitou. Era da raça golden, bonita, linda, maravilhosa. No sítio, tinha um bosque e um monte de bichos que a gente nem via. Algum bicho estranho mordeu a cachorra, porque uma noite ela chorou sem parar. Eu a examinei, mas não achei nada. A semana passou, ela foi emagrecendo e ninguém da clínica ligava. Só eu e outras meninas. Eu sofria junto com a cachorrinha. Sempre fui apaixonada por animais, morria de dó.

Depois de uns dias, ela sumiu. O pastor disse que a cachorra tinha fugido, mas não me conformei. Desafiei o pastor. Peguei emprestado um outro cachorrinho vira-lata, que era dos vizinhos, e levei para me ajudar a pesquisar, no terreno do sítio. Ele achou um lugar, pelo cheiro. Levei uns dois dias para ter coragem de examinar. Chamei as meninas e lá fomos nós cavar. Adivinha se não: desenterrei a cachorra, que estava mesmo lá.

Aquilo me deixou muito revoltada! Tirou meu equilíbrio, a minha paz.

A Flavia também não estava contente com o pessoal da clínica. Ela queria que eu fizesse meus exames básicos de saúde, mas eles ficavam enrolando. Cada vez era uma desculpa diferente. Flavia foi pessoalmente conversar com eles e nada mudou.

As coisas ali ficaram estranhas. Começaram a cortar a comida, racionar o leite, até a bolacha. Eu tinha um macinho de cigarro que entrou na clínica escondido e a pastora me pegou fumando no banheiro.

A essa altura, eu já estava meio saturada. Quis sair naquele mesmo dia. Por telefone, a Flavia me acalmou. Entendi que tinha de me superar e aceitar a situação. Mas não por muito tempo.

Desde o começo, a Flavia estava tentando vaga pra mim em uma clínica que parecia melhor, mas ainda não tinha conseguido. Pediu que eu esperasse mais uma semana. Decidi que, se não desse certo a transferência, eu daria um jeito de ir pra Santos, sozinha mesmo. Dois dias depois, me ligaram: a vaga tinha saído.

Saí da primeira clínica com o desejo de mudar mais forte dentro de mim. Percebi que já tinha caminhado bastante. Não queria mais botar tudo a perder, como eu sempre fazia.

Eu já queria, mas nem assim seria fácil.

DOZE PASSOS

O Instituto Terapêutico Eliza Teixeira, em Mogi das Cruzes, era uma clínica bem maior, com 25 meninas em tratamento. Tinha piscina, quadra de vôlei, refeitório, cachoeira. A gente comia pizza, até entrega do McDonald's chegava lá. Além do tratamento, havia carinho.

A gente ganhava um maço de cigarro por dia, mas não podia jogar a caixinha fora. Assim eles controlavam a distribuição e evitavam o comércio. A gente levava a caixinha vazia e ganhava uma cheia.

Não tinha essa de só rezar, rezar, rezar. Tinha terapia e conversa em grupo sobre dependência química. E acompanhamento psicológico individual. Até filme virava terapia: a gente assistia e discutia o filme, falando também da nossa vida.

Tinha muita ocupação. Você acordava de manhã, tomava café e tinha a reunião do *Só por hoje*, um livro de meditação. A gente abria o livro, lia um pedaço e discutia. Todo dia de manhã, duas horas por dia. Passava rápido. Era muito da hora.

Depois tinha aula de educação física: a gente jogava vôlei, futebol de mesa, até todas ficarem cansadas. Aí descansávamos por uma hora, pra ninguém ir suada almoçar, ao meio-dia em ponto. Daí tínhamos até duas horas da tarde para ficar no quarto, descansar, ou, quem quisesse, ir para a quadra de esportes. Às duas começava a dinâmica com uma orientadora. A gente falava de defeitos de caráter, honestidade, coisas assim.

Todo o trabalho da clínica era baseado nos 12 passos do NA, o grupo dos Narcóticos Anônimos. Etapas de um caminho para abrir a mente e levar à superação: o que me levou à droga, como me manter longe dela, quais os meus sentimentos, como é o meu caráter, o que é ser adicto. No começo eu não gostava muito, não, mas hoje vejo que isso tudo me ajudou bastante, por levar à reflexão.

Todo sábado, a gente fazia um simulado. Cada menina tinha sua vez de ficar lá na frente e fazer a sua fala do NA, mas só a gente, sem os monitores. Fui aprendendo a participar; às vezes, dava o meu depoimento.

Entendi que sou uma pessoa muito compulsiva, muito agitada. Parte porque usei droga pra caramba, parte por causa da minha história da vida e também por conta da minha natureza. Sou naturalmente agitada. Foi bom enxergar isso e aprender a ter mais controle dos meus atos, o que antes eu não conseguia.

Uma pedrinha pequena, que cabia na palma da minha mão, me derrubava. Eu perdia o controle. Hoje sei que não posso usar droga. E mais: não quero. Mesmo não podendo, se eu quisesse, poderia ir na biqueira. Mas eu não quero, porque já vivi muita coisa, já sofri muito, já me humilhei, cheguei no fundo do poço. Essa vida eu já conheço.

Consegui tirar meu RG e finalmente fazer meus exames médicos iniciais pra saber como estava de saúde, depois de tantos anos usando drogas e me prostituindo. E estava saudável! Fiquei muito aliviada e feliz. Com a vida que levei, não ter nenhuma doença era quase impossível. Só que o impossível sempre fez parte da minha vida, para o bem e para o mal.

Eu já não queria ir embora. Contava para Flavia e para Karine sobre as atividades da casa. Essa segunda clínica foi uma recompensa por eu ter conseguido aguentar a primeira. Hoje penso que não foi a clínica que me salvou, fui eu mesma que me salvei, mas ela ajudou. Lá comecei a partilhar minha experiência, falar sobre o que vivi e criar objetivos pro futuro. Antes eu nunca pensava em nada disso.

As visitas da Flavia e da Karine também ajudavam muito. Elas me davam a maior atenção. Flavia ligava toda semana, sem falta, mesmo quando ela estava fora do Brasil. Isso foi bem importante.

Não tenho vergonha de falar: já passei muita fome, comi lixo da rua, roubei pessoas, enganei muita gente. Quase tudo por causa da fissura da droga. Enxerguei que era uma pessoa vivendo no escuro. E hoje estou muito bem sem o crack, coisa que sempre achava que não ia conseguir.

Cigarro eu fumo, mas não como antes; estou aprendendo a controlar. Tem dia que me vejo fumando demais e dou um breque. Não deixei de ser compulsiva, mas agora tenho essa consciência. Na clínica, a gente se acostumou a viver sem droga. Ou... quase. Tinha só um pouco de maconha. Uma das meninas se engraçava para o lado do jardineiro – sempre o jardineiro. Fazia uma chupeta; em troca ele trazia maconha e chocolate.

Fiquei na clínica uns cinco meses. Não queria sair: achava que precisava completar o tratamento, que é de nove meses. A partir do terceiro mês – isso porque eu tinha cumprido três meses na outra clínica, então já estava livre do crack havia seis –, já podia sair para passear e voltar depois. E eu gostava de poder voltar. Mas aconteceu uma coisa. Afe, coisa de mulher! Arrumei briga. Por causa de namoradinha.

Eu ficava com uma mina, larguei dela e comecei a ficar com outra. Sou louca por uma bucetinha. Acho que meu destino é esse, né? Não é só por causa do sexo. Sou muito carente... E gosto do jeito carinhoso da mulher.

Na clínica, com mais liberdade, entre outras coisas, eu ajudava na cozinha. Comecei a pegar uns presentinhos para as meninas – bala, bombom, açúcar, bolacha... A mina que eu tinha largado viu e, como estava com raiva, me caguetou. Pronto, danou-se. Além de tudo, eles deixavam claro que relacionamento na clínica era proibido.

Todo mundo chorou. Tirando a mina que larguei, ninguém queria que eu saísse. Porém, regra é regra. Fiquei passada. Eu estava indo muito bem: o diretor tinha até me convidado pra trabalhar lá, um emprego garantido. Para falar a verdade, eu já estava trabalhando. Quando tinha reunião, ajudava. Era voluntária educacional: acolhia as meninas novas que chegavam, passava um pouco da minha história, instruía e motivava.

Aos sábados, eu colaborava no lazer: fazia brincadeira de queimada, cantava, zoava. Levava felicidade. Um dia falei que gostava de capoeira, que aprendi a jogar na cadeia. Pronto: no dia seguinte, já estava dando aula. Dali em diante, a minha aula de capoeira passou a ser toda quarta-feira, das cinco às sete da noite. Foi da hora. As meninas filmavam e eu mandava pra Flavia ver. Ela ficava muito feliz e eu toda orgulhosa de quanta coisa descobria que podia fazer.

Bem aí, deu ruim. Fazer o quê? Saí. Não queria ir pra Santos de jeito nenhum. Ou melhor: eu não podia voltar. Seria muito perigoso para a minha recuperação.

A Flavia pediu para a Karine encontrar um hotel onde eu pudesse passar a primeira noite fora da clínica, até a gente ter tempo de pensar. Era tarde da noite, não achamos. Acabei indo pra casa da Karine. Ela tinha aberto uma empresa, não trabalhava mais na Casa Flores, mas a gente já tinha desenvolvido nossa amizade. Eu não queria atrapalhar, mas ela insistiu e eu aceitei.

– Obrigada – falei. – Até a gente resolver o que fazer!

Fiquei na casa dela um tempo, pelo qual sou muito grata. Mesmo que a ONG pagasse minhas contas, ela fez por mim algo que pouca gente faz – abriu a casa e, mais, fez companhia. Isso foi muito importante pra mim. Chegava cansada do trabalho e ainda fazia comida pra todo mundo. Na época eu ainda era bem folgada: ajudava a cuidar dos filhos dela, até hoje sinto saudade deles, mas não queria saber de cozinhar.

Ainda estava morando na casa da Karine quando arrumei meu terceiro emprego. Trabalhar, uhu! Esse, disse para mim mesma, eu não deixaria escapar.

RECAÍDA

O primeiro emprego que apareceu, na clínica, eu perdi. O segundo, eu não quis. Seria numa ONG que cuida de cachorros abandonados. Eu não ia conseguir. Não pelo trabalho, mas porque era sofrido demais: tinha cachorro sem perna, com orelha rasgada... Achei que de triste já bastava a minha vida! Eu queria outra coisa pra mim: vida, saúde, alegria! Aí apareceu o terceiro emprego.

Em 2018, consegui uma colocação em uma confecção de roupas chamada Joaquina Brasil, por meio da empresa da Karine, que arrumava trabalho para ex-presidiários. Com 36 anos de idade, tive meu primeiro emprego de verdade.

Na Joaquina Brasil, eu era ajudante geral: fazia faxina, servia água e café, ajudava a carregar e a descarregar os tecidos, passava as roupas. Se as meninas estivessem sem tempo para embalar as peças ou colocar preço, eu ajudava. Era o faz-tudo.

Eu me divertia com a limpeza; mesmo quando morei na rua, nunca fui porca ou mondronga. Sempre gostei de tomar banho, colocar roupa nova. Porém eu ganhava a roupa e depois, não tendo como lavar, jogava fora.

Durante dois meses, meu serviço foi o mesmo, mas depois, na parte da tarde, passei para o corte: estendia os tecidos na mesa e fazia a modelagem. Das quatro da tarde até às seis, ajudava o menino que cortava blusas e calças. Já tinha terminado meu trabalho e assim passava o resto do tempo. Não sei ficar parada.

Foi uma experiência bem legal: conheci muitas pessoas e me senti querida. Logo eu, que achei que nunca ia trabalhar na vida! Porém, às vezes, eu escutava coisas de que não gostava e arrumei também um pouco de briga. Eu limpava a cozinha, deixava tudo sempre em ordem, impecável: copos e vidros limpos, os lixos trocados. Era a minha obrigação. Só que vinham umas acomodadas e largavam louça suja na pia. Eu falava:

— Gente, dá uma ajuda... Colaborem.

Eu lavava a louça de novo, porque, se a patroa visse, era comigo que ia reclamar. Eu debatia isso com uma colega, mas ela não ajudava. Um dia, revoltada, acabei com a menina: disse que ela era mondronga, porca e que eu não era empregada dela. Mandei para aquele lugar.

Sei que o que eu fiz não foi legal, mesmo que tivesse razão. A patroa já tinha falado comigo, para eu falar baixo no ambiente de trabalho, por respeito. E daquela vez passei do tom.

Fiquei abalada. Comecei a ter saudades da cidade de Santos, do cheiro do mar e da praia. Pensei em ir pra lá passar pelo menos um fim de semana. Minha intenção era ficar num hotel, curtir a praia, não de voltar para aquela minha antiga vida. Falei isso para a Flavia. Ela achou que era muito cedo para eu voltar. Porém, sou cabeça-dura. Insisti, insisti, insisti.

— Você não confia em mim? — eu disse, pra ela concordar.

Na sexta-feira, a gente combinou que eu voltava no domingo e na segunda-feira íamos almoçar juntas.

— Pode confiar, no domingo estou de volta.

Cheguei à rodoviária de Santos no sábado de manhã. Pensei: "Vou pra onde?". Fui para o Mercado, ao lado de onde sempre morei. Fiquei andando por ali. Encontrei os conhecidos pelo caminho.

– Ô, Xakila, você tá bem? – eles perguntavam.

– Sim, sim eu tô ótima... – eu falava.

Depois de dar um giro por lá, pensei: "Vou pegar só uma maconha". Fui na biqueira, não tinha maconha, só crack. Eu disse: "Não, isso eu não quero". E fui embora.

Passei bem pelo teste: não usei droga. Aluguei um quartinho no velho hotel Madri, deixei minha sacola e voltei pra rua. Queria ver gente. Fumei um baseado com uma amiga e demos um pião pelas quebradas. Seis horas da tarde, encontrei a Loirinha, uma psico, bonitinha.

– E aí, vamos lá para o hotel? – chamei.

Pensei: "Estou com dinheiro, vou comer a Loirinha". Como eu não bebo – só champanhe, mas é raro –, queria maconha pra entrar no clima.

Enquanto eu bolava o baseado no quarto, ela entrava e saía, entrava e saía. Pensei: "Caramba, o que tá acontecendo?". Comecei a tirar a roupa, mas perguntava: "O que tá pegando?". Ela suava. E disse:

– Vou ter que dar uma paulada.

– Então vai no banheiro – falei. – Pedra, não. Aqui dentro do quarto, não.

Mas aquilo foi me instigando. De repente, falei pra ela:

– Dá aqui, vai.

Usei.

Perdi a noção, o foco e, num instante, tudo o que eu tinha conquistado. Foi uma merda o que eu fiz!

A PONTE - 2

Aqueles momentos em que a gente acha que tudo acabou. Como aquela noite, a gente, no carro, eu e a Morena. Os caras que me levaram para lá eram policiais.

Estavam cansados de ver a gente, de prender a gente e de depois ver a gente na rua de novo. Daquela vez, quando saímos da delegacia, em vez de nos deixarem de novo na rua, levaram a gente pra ponte Pênsil.

Três da manhã.

– Pula!

A Morena pulou.

Pá! Pá! Enquanto ela caía, eles atiravam.

Fiquei eu. Olhei da ponte para baixo. Via a água escura, longe. Eu nunca soube nadar.

Não tinha escolha.

Pulei.

Pá!

TUDO EM PEDRA

Minha noite com a Loirinha foi a do sábado. No domingo, eu já estava dura.
Tinha pedido dinheiro emprestado para a Flavia, porque meu salário não tinha sido depositado no dia. Enchi a paciência dela, até a Flavia concordar.

– Depois te devolvo, você sabe que eu sempre pago certinho – eu disse.

Ela me deu trezentos reais. Dava para eu ir a Santos e voltar.

O hotel era quarenta paus por noite. Paguei dois dias, até a segunda-feira, quando eu pretendia voltar. Só que fumei tudo em crack. Gastei o dinheiro que tinha e o que não tinha.

Mesmo assim fui para a rodoviária, com ideia de dar algum jeito. Que jeito, sei lá... Já nem conseguia pensar. Chegando lá, a menina da contabilidade da Joaquina Brasil me enviou uma mensagem, dizendo que tinha depositado o dinheiro na minha conta. Na hora, pensei: "Nossa, tô rei!".

E em vez de pegar o ônibus para São Paulo, voltei tudo pra trás. Subi o morro de novo e gastei meu salário inteirinho em pedra. Fumei até acabar.

Naquela hora esqueci de tudo e de todos. Principalmente

de mim mesmo. Descobri que, quando você para e depois volta para a droga, é sete mil vezes pior. Quando me dei conta, já eram oito e meia da noite de domingo. A Flavia começou a me ligar. Eu não atendia. As mensagens que iam entrando no celular me irritavam. Tudo me incomodava.

Dei meu celular para a Loirinha vender. Tirei só o chip. Aí, pronto, cortou o sinal.

Fumei tudo o que a Flavia me emprestou, o que eu recebi da Joaquina, mais o celular.

Quando a ficha caiu, comecei a travar. Veio o arrependimento, o medo e também aquela vergonha de voltar.

"Não vou voltar", pensei. "Se eu voltar, vou ouvir um monte. Não tô a fim."

A Flavia nunca desiste. A essa altura, já tinha entrado em contato com as meninas que ela conhece em Santos; pediu pra me procurarem. A Charlene, uma das que tiraram cadeia comigo, que reencontrei na filmagem do documentário e que eu conhecia desde criança, quando ainda sem malícia a gente brincava na rua e achava linda aquela liberdade, foi atrás de mim. Quando ela me viu, nem falou oi. Já estendeu a mão com o celular.

– É a Flavia, fala com ela – disse.

Me pegou no pulo, mas eu não conseguia nem falar. E ia falar o quê?

Chorei, corri e me joguei no chão.

Charlene foi atrás de mim e colocou o celular no meu ouvido. Escutei a voz e travei.

– Xal, sou eu, a Flavia. Onde você está? O que aconteceu?

E eu, nada.

– Fala comigo, onde você está?

— Ah, não vou mentir, eu recaí.
— Não tem problema, vem pra cá que a gente te levanta.
— Mas e os outros, o que os outros vão falar?
— Você quer vir? – ela perguntou.
— Eu quero.
— Isso é o que importa.

Aí a gente começou a chorar, as duas, uma de cada lado da linha. A Flavia disse que ia me mandar dinheiro pra passagem. Respondi, ainda chorando:

— Quer que eu seja sincera? Não manda, porque eu vou fumar esse dinheiro também.

Então pediu para a Charlene comprar a passagem no dia seguinte de manhã.

Depois que escutei a voz da Flavia, perdi a vontade de usar droga. Fiquei paralisada, num canto, sentada. Reflexão, sabe? Levantava a cabeça, olhava tudo em volta, o ambiente da maloca, as pessoas sujas, o morador de rua deitado no papelão, um pega bem do meu lado, a polícia enquadrando um pessoal. Comparei com o que eu passei a ter: o meu emprego, a minha cama, aquilo que para muita gente não é nada, mas para mim era tudo e mais um pouco.

Foi nesse momento que conheci a humildade. Pensei se devia parar tudo por ali ou se daria para retomar a vida. E decidi: "Ah, mano, eu vou".

A PONTE - 3

Com a queda, meu corpo foi fundo naquele rio. Não sei se o que passa embaixo da ponte Pênsil ainda é rio ou se já é mar. Sei que a água era gelada e escura, eu não sabia mais onde estava o céu, nem o ar pra eu poder respirar. Batia os braços e as pernas, só que não saía do lugar. E os policiais lá de cima da ponte, ainda dando tiro na água. Pá! Pá! Pá!

E a Morena? Será que tinha morrido, se afogado? Meu Deus, eu estava desesperado.

Do escuro, veio um barco de pescadores na minha direção. Era daquele tipo de barco que pesca marisco e caranguejo na madrugada. Chegou mais perto. Um homem jogou uma corda. Nossa: escutei a voz da Morena, ela também estava lá. O barco continuou em movimento, peguei a corda, fui arrastado dentro da água escura e gelada, rezando pra nenhum tiro me pegar. Preferi não olhar mais nada. De repente, uma mão me puxou com força pra cima. A gente já estava na beira, pisando em terra firme.

Os tiros pararam, os policiais tinham ficado longe, desapareceram como que por encanto.

Foi Deus aquela mão que me puxou.

Às vezes, na vida, tem de ter alguém pra te puxar.

HOSTEL

Quando cheguei a São Paulo, foi horrível. Bateu pavor, orgulho, sei lá. Flavia disse que ia me acompanhar até a Joaquina Brasil pra me apoiar. Marquei o encontro com ela na rua, na frente da confecção. Estava loucona. Ela já tinha me visto drogada em Santos algumas vezes, mas surtada como naquele momento, não. Eu não conseguia dar um passo. Não tinha dormido, estava completamente na fissura, feia, suja, descabelada.

Quando fico brisado, fico paranoico, acho que alguém está vindo me pegar. Os dentes travam, estranho as pessoas. Eu olhava pra Flavia e não conseguia saber direito quem era aquela pessoa.

Ela veio correndo, me abraçou. Eu caí no chão. Ela falava comigo, mas eu não entendia. Aquele abraço era tão bom, mas logo voltava o surto.

Quis entrar na Joaquina e chamei a patroa. Cheguei assim mesmo, batendo palma. Bati na mesa, falei:

– Olha, é o seguinte: não vou trabalhar não, tá? Vim aqui, mas eu não vou trabalhar! Tô muito louca, não vai dar.

Eu nem tinha noção do que estava fazendo. Estranhava todas aquelas pessoas. Quem eram?

Olhei para a Flavia e falei:

– Sai de perto de mim, não tô bem, não quero te machucar.
– Calma, respira fundo – a Flavia falava.
Bem do lado da confecção tinha um hostel. Ela me levou pra lá. Em Santos, a gente chama hotel de hotel, buteco, fuleiro, puteirinho; em São Paulo, é hostel. Não lembro nem como cheguei ao banheiro. Flavia abriu o chuveiro, deixou a água cair na minha cabeça, pegou os lençóis, arrumou a minha cama, me colocou deitada e ficou lá até eu dormir.

Na primeira hora do dia seguinte, eu nem tinha acordado, a Flavia já estava lá. Pedi desculpas e mais desculpas. Passei uns dois dias perturbado. Fiz uma música para ela:

Mãe, me perdoa,
O que eu falei foi da boca pra fora,
Erga tua cabeça e não chora
E me desculpa se eu te magoei
Sei que errei,
Quando eu discuti com você
Arrependido hoje venho dizer
Que por favor não me faça sofrer
Pois nesse mundo
Todos merecem o perdão
E seus carinhos
Me dão motivação
Ainda me lembro
Quando tu pega na minha mão
Tu me transmite amor

Flavia me ensinou que uma palavra e um gesto de carinho fazem toda a diferença. Daí a importância da família.

Ter a Flavia foi o que me fortaleceu. Nos momentos difíceis, quando eu queria fazer loucura, ela dizia: "Calma". Ela me entendia e me abraçava.

O apoio e a confiança contam muito. É preciso querer ter contato com a pessoa, acreditar nela, até quando ela não acredita em si mesma. Para eu estar aqui hoje, é porque tenho objetivos, reconhecimento e também gratidão.

Hoje, a Flavia é a minha família. Vou com ela até no inferno. Meu amor pela Flavia é amor de filha. Ela é quem me dá coragem e me ensina a usar toda a minha força. Me faz querer sair não para roubar, e sim buscar dignidade. Vou falar isso até morrer. Sou louca por ela.

Às vezes as pessoas dizem: "Ah, você tem que pensar só em você mesma". Mas eu não penso só em mim. A gente tem que pensar em alguém. Às vezes a gente não está num dia bom; vou querer desistir, jogar tudo para o alto. Se pensasse só em mim, nesse dia eu teria desistido. Penso nas coisas boas, nas pessoas que estão ao meu lado. Isso cativa e fortalece.

Desde a época do Segundinho, Flavia foi da hora comigo. Então pensei: "Do meu lado eu posso fazer o quê? Retribuir. E com o quê? Com uma nova perspectiva de vida". Quero saber o que eu posso fazer, como ser útil hoje.

Mesmo depois da minha atitude, fui aceita de volta na Joaquina Brasil. Ia pro hostel dormir e passar o fim de semana. O quarto não era só meu, era coletivo, mas era tudo limpo, bonito e o pessoal era muito legal. Lá eu tinha companhia. A Flavia e a Karine iam lá me visitar.

Nessa época, a Flavia estava procurando um local pra ser a sede da Casa Flores. No fim de semana, eu a ajudava a procurar.

Fiquei na Joaquina Brasil entre cinco e seis meses. Entrei em outubro, saí em março. Tive lá bastante conflito. Pedi as contas, fui burra. Esse tipo de coisa é normal no ambiente de trabalho, mas, como eu nunca tive um emprego antes, não estava acostumada, não sabia lidar com essas discussões. Minha impaciência falou mais forte do que a minha sabedoria.

Quando a Flavia conseguiu alugar um imóvel para a Casa Flores, na Vila Madalena, fui morar e trabalhar lá, colaborando com muitas coisas que eu já sabia fazer. O mais legal é que o projeto dela é também o nosso: transforma a nossa vida e reúne uma grande família.

Com este livro, retribuo e ajudo outras pessoas, contando a minha história, para todo mundo ver que se pode dar um jeito em tudo. É uma maneira de me ajudar e ajudar a ONG. E me sinto bem.

A Casa Flores é muito mais do que uma ONG. É como uma segunda casa pra todas nós, que já conhecemos o desprezo, as drogas e o cheiro da prisão. Somos o exemplo de como se pode mudar de vida. Ainda mais eu, que nunca tive uma verdadeira oportunidade.

NEM TUDO SÃO FLORES

Na Casa Flores, eu me sinto motivado. Ajudo em tudo. Faço o que gosto: cuido da casa, limpo, ajudo as coordenadoras dos projetos, atendo as pessoas e explico aos visitantes como é o nosso trabalho. Dou entrevistas, faço filmes. No ateliê de artesanato e costura, produzimos peças pra vender. E ajudo nas vendas do nosso brechó.

Lá faço parte do que a gente chama de "Meu Projeto de Vida". É um trabalho individualizado, com cada menina, para elas se recuperarem. Começa com a gente pensando em quais são os nossos sonhos e traçando meios para poder alcançá-los. Então o projeto de cada uma é diferente. Tem atividades coletivas e individuais, atendimento com psicólogas, professores de empreendedorismo, aulas de inglês, cursos de arte, de cozinha, tratamento dentário. Tudo depende do que cada uma precisa.

Pela Casa Flores, refiz todos os meus dentes. Concluí o curso de palhaço, no Galpão do Circo – muito legal. Também tive aulas para falar em público. E aprendi, por conta própria, a cozinhar. Hoje, quando tem almoço coletivo na Casa Flores, normalmente quem cozinha sou eu. Não só cozinho como organizo as compras e o que cada uma vai trazer pra contribuir. Cada uma faz sua parte, em benefício de todas.

No fim do ano, as festas de Natal são muito difíceis pra mim. Em 2018, ganhei um presente que nunca vou esquecer. A minha irmã do coração, a Bianca, que também trabalha na Casa Flores, me convidou pra passar o Natal com a família dela. Fomos de carro para o interior, até a casa de um tio dela. Estavam os pais da Bianca, o irmão, os tios, os primos e um monte de crianças. Eu nem conhecia as pessoas, mas me senti parte da família. Depois desse dia ela passou a ser minha irmã. Não tem como ser diferente.

Tenho agora quatro vontades.

1) Ter muito dinheiro. Não consigo guardar dinheiro de jeito nenhum, tenho problema com isso, mas estou aprendendo e vou conseguir!
2) Ter uma mulher da hora, uma companheira que feche comigo.
3) Cantar as músicas que componho nos bares ou em algum lugar.
4) Expor um pouco da minha experiência e do meu aprendizado. Isso já estou fazendo com este livro.

Esses são os meus objetivos. Trabalho bastante o meu fortalecimento psicológico, afetivo e mental. Converso bem mais, quero me abrir. Quanto mais eu me exponho, mais tenho retorno. É um exercício de dentro para fora e também de fora para dentro. Quanto mais falo, mais escuto – a mim mesma e aos outros.

Penso na minha história, a começar pela minha própria mãe. Não tenho raiva dela, nem mágoa. Acho que essa fase já passou. Tenho o desejo, que chega a ser um sonho, de reencontrá-la. Pelo menos saber se está viva, se está bem. Mais ainda, queria que a minha filha tivesse esse desejo também, de saber da mãe.

Isso tudo é o que mais mexe comigo hoje em dia. Tenho muita vontade de chorar, mas não posso, porque agora eu sou homem.

Meu amor pode ser meio infantil para os adultos. Ainda não sei pensar antes e ensaiar para me relacionar com as pessoas. Eu reajo na hora, conforme a situação. Não fui preparado para me adaptar à sociedade. Nesse ponto, sou mais próxima das crianças.

Tenho ainda muitos sonhos. Quero retomar o contato com meus filhos, aos poucos, com muito cuidado. Queria muito, muito, muito rever a Maria Eduarda, a Duda, minha filha. Naquele dia em que desci pra Santos, pensei em procurar por ela. Tive muita vontade, mas acabei não tendo coragem. Hoje vejo que não estava pronta.

Quando eu ainda estava na maloca, o seu Luiz Carlos, avô dela, às vezes me procurava. Por azar, nos momentos em que eu estava bem, ele não passava. Parece que bastava eu usar droga para ele passar com a menina, de bicicleta, perguntando: "Alguém viu a Adriana?". Eu morria de vergonha e me escondia.

Algumas vezes encontrei com eles e parei, cumprimentei, até brinquei um pouco com ela na praça. Cheguei a ir na casa deles. Dona Olinda tinha problemas na perna, eu fazia massagem, conversava, jogava baralho com ela. Eles sempre deixaram as portas abertas pra mim. Nunca esconderam que eu existo. Maria Eduarda sabe que tem uma mãe. O seu Luiz Carlos me disse que, independentemente de como eu estivesse, sempre seria possível uma reaproximação. "Adriana, ela sempre vai saber quem você é, sempre vai ter a sua referência. Só que você está precisando se cuidar." Essa é a frase dele que eu guardo.

Tive a chance de fazer parte daquela família, mas, por causa da droga, não consegui. Isso fica martelando na minha cabeça. Fico pensando em como vou me aproximar. Pensei em escrever uma carta. Será? Mandar um buquê de flores para a avó dela, que é quem faz o papel de mãe. E uma lembrança pra Kátia, a irmã do Eduardo, tia da Duda, que adora a menina.

Ainda nem sei explicar direito como transformei a minha vida. Mas não vou dizer que fiz isso só pelos meus filhos. Penso muito em mim.

Hoje estou lúcida, faço planos, tenho muitas ideias. Lembro todo dia da minha filha. Quero falar com ela, jogando a real, sem mentir. Preciso dizer pra ela: "Passei por tudo isso errando, aprendendo, errando de novo, mas decidi mudar. Eu não acreditava em mim. Agora, sim. As coisas que eu passei foram para preparar esse momento".

Quero poder passear com a Duda nos fins de semana, tomar sorvete, comer pipoca. Quero vê-la crescer. E queria que ela visse como estou bem. Hoje, o que me dá forças é a perspectiva de estar com ela.

Não posso dizer que sou mãe, porque eu fiz, mas não criei. Porém tenho esse sentimento de mãe guardado no peito. Sinto um enorme carinho pela Duda e também pelo Eduardo, que ainda está em Santos.

Penso na minha primeira filha, a Dandara, que deixei no hospital, por quem não tive amor. Não vou fazer bonito aqui e dizer que amo, porque é mentira. Mas penso que, dentro da tragédia que aquilo podia ter sido, me consolo em pensar que aconteceu o que poderia ter sido melhor.

Assim como a Duda, morro de vontade de ver o meu filho Gabriel. Será que também está ainda com a avó? Será que está com o Rogério?

O Rogério sempre foi muito certinho comigo. Eu que fui burra. Troquei o certo pelo duvidoso. Mas não gosto de homem, e a minha relação com ele era de dependência. Eu estava sempre chantageando, sempre vendo o que podia tirar do Rogério. Percebo que até hoje, às vezes, repito isso com as pessoas. Estou sempre pensando o que posso tirar de alguém. É difícil a gente se livrar dos velhos vícios. Parece que a gente sai da rua, sai da cadeia, mas a cadeia não sai da gente.

Com o passar dos anos, fui perdendo a esperança. Pensava: o Gabriel está bem lá na Itália, com a família, rodeado de um monte de gente, estudando em Firenze. E não tenho nada para oferecer. Ele deve ter 18 anos. Lógico que eu queria estar com o meu filho hoje, agora. Neste novo momento, nada mais me parece impossível. A gente faz o filho para o mundo, não para nós, mas eu queria revê-lo. Entrego na mão de Deus. E ainda vivo nessa esperança.

Na cadeia, eu ainda falava com ele. Tinha o telefone, o endereço, tudo dele. Escrevia carta. Uma vez, consegui ligar. Mas Gabriel saiu do país com quatro ou cinco anos, não sabia mais português.

O que ele me falou no telefone não sai da minha cabeça:
– *Mama, amore mio.*

Mama é "mãe". E só isso eu sabia o que era. *Amore mio*, não.

FAMÍLIA

Perdi o contato com a Babalu. Nunca mais soube dela, nunca mais a vi. Tomara que esteja bem. A Dirce morreu. Minhas outras mulheres vieram e passaram. Hoje meus relacionamentos são outros. Mas às vezes dá vontade de ir pra Santos, sei lá, andar ali. Ainda é a minha cidade, o lugar onde nasci.

Sempre fui livre. Nunca suportei amarras. Hoje sei que na vida a gente tem que ter regras, ser um pouco mais humilde, mas isso comigo é coisa que não bate. Não sou humilde, não. Odeio ouvir, escutar, odeio um não. Tudo tem ainda de ser do meu jeito. Sei que preciso aprender a ser diferente. Mas não é por isso que deixo de ser uma pessoa bacana. Sou da hora.

Ainda tenho medo de usar droga. É difícil falar que não vou usar mais. Para isso, tenho que lutar todo dia. Porém, acho que não tenho mais a mente fraca de antigamente. Também não tenho mais crise de abstinência. Aprendi que tenho que evitar hábitos, lugares e pessoas. É assim que eu faço. Sei exatamente onde está o mundo da droga. Já passei por isso. Graças a Deus, hoje tenho nojo dele.

Atualmente não uso drogas porque não quero. E porque

sei que sou muito fraca nisso aí. Se eu der a primeira, não vou ficar só nessa. É a mesma coisa que você nadar, nadar, nadar e morrer na praia.

Eu nem quero mandar mensagem para ninguém, tipo não use droga. Ela acaba com a sua vida, é verdade. Você entra num beco sem saída e só percebe isso quando chega no fundo do poço. O que eu digo, é: se você entrou na droga, tente sair dela o mais rápido possível.

O ser humano se adapta a tudo; eu me adaptei às coisas pesadas e acabei me adaptando às coisas boas. O que me fez superar as dificuldades é a força de vontade e a mente aberta. Com esses dois elementos, você ganha uma terceira coisa: a consciência. É aí que você consegue mudar.

Não é fácil. O ser humano é falho, a gente tem os pensamentos que vão e vêm, deixam a gente inseguro. Quando vem a dor, a solidão, a angústia, começa a passar um filme na cabeça. Mas depois de tudo o que vivi, mesmo quando começo a questionar se todo esse esforço vale a pena, penso que a brisa da droga é passageira, nada disso tem sentido.

Agora vejo valor nas coisas simples, como tomar banho, fazer comida. Aprendi a me cuidar melhor, a me alimentar de um jeito mais saudável, a organizar meus horários e manter minha autoestima em dia.

Batalhei e estou batalhando. Tem dia que é difícil. Às vezes sinto falta de mais autonomia e liberdade, de poder viajar, sair por aí, conhecer o mundo. Estou morando dentro da Casa Flores, mas ainda quero morar numa casa que seja minha, ter o meu espaço. Sei que um dia terei condições pra poder falar para a minha filha: "Fica à vontade, aqui é da mãe". Por enquanto, o que eu tenho é só o meu amor por ela.

Não me sinto mais na fase de preparação, porque ela já passou. Também não estou mais na fase da superação, porque estar viva já é uma grande superação. Minha fase agora é de não ficar só nisso, mas de ir em frente. Ainda não estou realizada.

Passei a vida sem acreditar em Deus. Ele pra mim não existia. Deus que me perdoe, mas eu falava assim: "Bem feito para Jesus que morreu pregado, porque não me ajuda em nada!". Eu era uma pessoa cheia de ódio, revoltada.

Um dia, um pastor me perguntou:

– Se você tivesse que fazer um pedido para Deus, o que seria?

Nem precisei pensar.

– Eu pediria uma família – disse. – Deus nunca me deu uma família.

– Deus então vai te dar uma família – disse o pastor. – Começa a buscar Deus e tua vida vai mudar.

E aconteceu. Deus tocou no coração de alguém pra ver as minhas qualidades, o meu brilho e investir em mim. Hoje eu tenho a chance de me transformar, para que as pessoas entendam que não sou mais aquele bicho, que eu nasci e cresci.

Hoje tenho a chance de construir uma família de verdade. Tenho muito o que aprender e mudar, muito ainda, entendeu? Não vou negar. Mas tenho o principal. Hoje eu acredito em mim.

INVENTÁRIO MORAL

Na Casa Flores, as meninas que entram são convidadas a fazer uns exercícios. A Flavia chama de "portfólio". Eu chamo de "inventário moral". É um caderno que a equipe da Casa Flores inventou, que lança temas. A partir deles, você escreve o que sente e o que vem à cabeça.

O meu é assim:

Minhas forças e talento: minha força é meu brilho, minha força de superação e minha espontaneidade. Sou sincera, comunicativa, guerreira. Tenho uma personalidade forte, sei o que quero e o que não quero pra mim.

Sou comunicação, né, mano? Quem não gosta de mim, não gosta de ninguém! Tô mentindo? Sou muito carismático, conquisto quem eu quiser com o meu charme. Adultos, crianças. Eu amo as crianças e elas me amam também. Isso é uma força, mas também pode ser uma armadilha, estou começando a perceber.

Também tenho dons artísticos. Sei pintar, cantar, compor músicas. Sei colocar meus sentimentos na arte que faço.

Sou trabalhador, gosto de um dia agitado, de ter muitas coisas pra fazer e de não ficar parado, mesmo que só faça aquilo que eu goste de fazer e que seja um pouco preguiçoso de manhã.

Sou curiosa, quero muito aprender.

Minha mãe do coração diz que sou muito inteligente. Por causa do que vivi, tenho um raciocínio rápido e sei coisas diferentes. Consigo enxergar malícias que as pessoas não veem, e essa acaba sendo a minha vantagem. Ajudo meus amigos a perceber a maldade antes de ela acontecer e acabo conseguindo proteger um ou outro. Assim, aproveito meu aprendizado para ajudar quem eu gosto.

Minhas faltas e fraquezas: não saber lidar com a solidão, me envolver demais com mulher. É a minha natureza, mas também é uma fraqueza, né? Quando gosto de alguém, acabo fazendo loucuras. Me prejudico, fico com medo de fazer bobagem de novo, mas me arrisco, sempre achando que o resultado vai ser diferente.

Outra coisa que me atrapalha é a dificuldade em respeitar os limites e engolir sapo. Quero tudo sempre na minha hora e do meu jeito. Quando quero alguma coisa, esqueço que o outro existe. Falo alto, interrompo, mexo no espaço do outro. Até quando quero ajudar acabo criando conflito.

Talvez esse seja o defeito que mais atrapalhe a minha vida e o meu futuro. Então tenho que me dedicar mais a isso. Será que vou conseguir mudar? Será que as pessoas vão aguentar esperar a minha melhora? Percebo como às vezes desrespeito o outro. E, se quero ser respeitado, primeiro tenho que respeitar quem está ao meu lado. Sei disso, mas ainda não consigo.

Coisas que quero aprender: português, inglês, italiano, um pouco de cada língua. Também quero saber mexer melhor no computador e me aperfeiçoar na música.

O que me faz levantar da cama animada: pensar que nem tudo está perdido e que eu posso me levantar e começar tudo novamente. Que Deus me dá essas oportunidades, mas é bom eu fazer acontecer hoje, sem deixar nada para depois.

Minha rede de relacionamento há dois anos: usuários, pessoas ligadas à droga, à cadeia, pessoas que moravam na rua e passavam fome, sem tomar banho e no fundo do poço; a polícia, que estava sempre me rodeando; pessoas ligadas à adrenalina, ao crime, à fome e ao desespero. Pessoas pra quem matar ou morrer tanto fazia, que não davam importância nenhuma para o ser humano e que não tinham ninguém. Pessoas que só conseguiam pensar em arrumar dinheiro para usar droga. E eu era exatamente assim também: ninguém dava nada por mim; nem eu mesma me dava valor.

Minha rede de relacionamentos hoje: agora me relaciono com pessoas com sonhos, objetivos e que fazem o meu mundo muito melhor. Tenho a minha família do coração: as mulheres da Casa Flores. É uma família que me ensina, apoia e tem a maior paciência comigo. Nem eu sei como elas me aguentam! Fiz amigos nos cursos, no trabalho, no hostel onde morei e na rua, meus vizinhos do bairro. Com eles troco um pedaço de bolo, uma conversa. São pessoas de quem gosto e que também gostam de mim. Preciso e gosto dessa troca.

Graças aos dentistas que ajudam a Casa Flores, refiz todos os meus dentes de graça. Hoje eu tenho um baita sorrisão. Isso ajuda na autoestima, que me abriu um mundo de possibilidades na vida. Com a minha terapeuta voluntária, a Mara Chiari, em quem confio de olhos fechados, faço terapia duas vezes por semana. Nas sessões, abro minha mente, valorizo a construção das amizades e, principalmente, fortaleço a confiança. Isso tive que aprender. Sempre fui desconfiada, nunca acreditei muito nas pessoas.

Às vezes, nem acredito em tanta mudança. Em 2019, quando completei 37 anos, tive minha primeira festa de aniversário. Uma festa de verdade, com um monte de amigos e presentes, mesa cheia de doces e o meu bolo preferido: chocolate. Em cima da mesa tinha uma fita com meu nome escrito com letras de bexigas, que a Juliana, executiva de cinema que trabalhou no nosso documentário e está muito perto da Casa Flores, trouxe de surpresa pra mim. Com meu dinheiro, fomos a um caraoquê, e todo mundo cantou e dançou até tarde. Eu me diverti como nunca.

À noite, às vezes bate a solidão. A sorte é que, agora, tenho um cachorro, meu filhote, o Mascote, que eu amo e me faz companhia. A gente dorme junto na mesma cama, enrolados no mesmo cobertor.

Metas para o futuro: o meu futuro começou no passado, há dois anos. É uma nova fase da vida, cheia de atenção, preocupação, carinho, amor, paciência, confiança, coisas que eu nem sabia que existiam.

Hoje eu quero tanta coisa que às vezes não sei por onde começar. Além de rever e conviver com meus filhos, quero acima de tudo ajudar quem está sujo vivendo no chão e de quem as pessoas passam por cima ou desviam. Esse é meu sonho final.

E agora eu vou me despedir de você. Tenho de me preparar para ouvir sim e para ouvir não. Esta semana consegui o telefone dos avós da Duda. Vamos fazer contato, eu e minha mãe do coração, porque sozinha eu ainda não consigo. É muita emoção.

Nessa hora eu vejo que, dentro de tanto azar na vida, tive também a maior sorte. Mal posso esperar para descer a serra até Santos e tocar aquela campainha. Sei que dessa vez as coisas têm que ser feitas com muito cuidado, porque se eu perder essa chance, não vou me perdoar.

Será que vai dar certo? Será que a gente vai conseguir? Vamos ver.

• • •

Às vezes penso na ponte Pênsil, em Santos. Não era para eu estar aqui. Quando olhei para baixo, a água correndo no fundo, os policiais gritando, atirando, depois o vazio escuro, vi o fim. Vi o fim tantas vezes e estou aqui.

Sobrevivi e quero fazer o melhor com isso. Deus me deu uma oportunidade que só Ele dá. Tenho que corresponder.

Estou de novo na ponte, naquela ponte. Eu vou pular. Desta vez, porém, vou pular de livre e espontânea vontade. E vou pular para a vida.